기후위기 시대의 희망
영성

편집 최광선
저자 김영락·오방식·최광선
기획 전남CBS

신앙과지성사

차례

05
프롤로그
영성, 하나님과 만물과 사람이 맺는 코이노니아 / 최광선

17
생태적 관상가 토마스 머튼 / 오방식

67
거룩한 책 창조세계 / 최광선

115
이공(李空) 이세종 선생님 / 최광선

145
'헌신짝' 이현필 선생님 / 김영락

181
피조물의 신음과 가난의 영성 / 김영락

202
에필로그
하나님의 숨결이여! / 최광선

프롤로그

영성,
하나님과 만물과 사람이 맺는 코이노니아

하나님은 말씀으로 세상을 창조하시고 바라보시며 "심히 좋다!"라고 경탄하셨습니다. 하나님은 사람에게 생명의 숨을 불어넣으시고 동산을 "경작하며 지키라"라고 말씀하셨습니다. 그러나 아담의 탐욕과 가인의 폭력, 그리고 노아 시대의 무지는 하나님을 한탄하며 근심하게 하였습니다. 새로운 창조의 길을 택한 하나님은 큰 홍수 후 노아와 그의 후손들, 그리고 함께한 모든 생물과 함께 생명의 언약을 맺었습니다(창 9:10, 12, 13, 15, 16, 17). 구약학자인 버나드 앤더슨은 노아의 언약을 우리가 상상할 수 있는 가장 넓은 의미에서 우주적 성격을 띤다고 말합니다. 그 이유는 "근본적으로 그 언약은 온 세상의 인간뿐 아니라 모든 동물, 살아 숨 쉬는 모든 것들, 곧 땅 위에서 살과 피를 지니고 사는 모든 것들까지 아우르는 생태적 언약"이기 때문입니다.

오늘날 우리는 하나님의 영원한 언약 당사자를 파괴하고 멸종에 이르게 하는 끔찍한 죄를 짓고 있습니다. 지구공동체는 생명체계 유지가 회복 불가능한 방향으로 흘러가고 있습니다. 산업혁명 이후 전 세계적으로 멸종이 급증하여, 지금은 생명다양성이 파괴되는 대멸종 시대로 접어들었습니다. 지구상에서 한번 사라진 생명종은 영원히 사라지는 멸종입니다.

인류는 기후지옥의 문을 열었습니다. 기후학자 조천호 박사는 "기후위기가 불러온 멸망이 시작되었으며, 지구 대멸종의 카운트 다운이 시작되었다고 경고"합니다. 사회생물학자 최재천 교수는 "산업혁명 대비 2℃ 상승하면 인류가 멸종할 것"이라는 생물학자들의 견해를 밝힙니다. 유엔사무총장 안토니오 구테흐스(António Guterres)는 2022년 기후정상회의에서 "지구 온도가 계속 올라가고 있다. 그리고 우리 행성 지구는 기후 재앙을 돌이킬 수 없는 티핑 포인트(균형을 깨뜨리는 극적인 변화의 시작점)를 향해 빠르게 다가가고 있다"라고 경고하며, "우리는 기후지옥으로 가는 고속도로에서 가속 페달을 밟고 있다"고 말했습니다. 2023년 기후정상회의에서 그는 한층 더 강력하게 "인류가

지옥의 문을 열었다"며 우리가 "위험하고 불안정한 세상"으로 향하고 있다고 경고했습니다. 그러면서 2024년 그는 "기후지옥의 탈출로가 필요하다"라고 인류에게 강력한 생태적 행동과 전환을 촉구하고 있습니다.

이러한 심각한 상황에 우리 그리스도인들은 어떻게 응답할 수 있을까요? 지구가 처한 현실을 직시하며, 신음하는 피조물과 함께하는 그리스도인이 될 수 있을까요? 저명한 생태 사상가 토마스 베리는 "그리스도교의 미래는 그리스도인들이 지구의 운명에 대해 우리들의 책임을 받아들이는 자세에 달려 있다"라고 말합니다. 뭇 생명이 사라져 가는 지구공동체에서 건강한 사람과 교회를 추구할 수 없다는 것은 분명합니다. 그리스도교 공동체는 피조세계와 함께 단 하나의 신성한 공동체로서 미래 속으로 진입하든지, 아니면 둘 다 광야에서 멸망하게 될 것입니다. 나는 그리스도인이 기후위기에 책임 있는 자세를 취할 때, 생명공동체인 교회는 창조세계와 함께 약속 있는 미래로 진입할 것이라 확신합니다. 미래로 진입하기 위해 지금 그리스도교는 지구생명공동체의 풍성함을 우선시하는 영성이 필요합니다.

인류가 자행하고 있는 생명 파괴는 근본적으로 영성의 문제입니다. 김상봉 교수는 『영성 없는 진보』에서 영성을 "나와 전체가 하나라는 믿음"이라 정의하는데, 그런 관점에서 보면 지구공동체의 생명을 파괴하는 것은 그리스도인에게 영성이 없음을 고발합니다. 나와 창조세계가 하나라는 믿음이 없기 때문에 이처럼 철저하게 뭇 생명종을 파국으로 치닫게 하는 것 아닐까요? 영성은 나와 타자가 맺는 비분리적 관계의 언어이고, 종교의 역할은 탐욕을 억제하며 타자를 위한 자기희생을 가르칩니다. 그런데 자신의 탐욕을 하나님의 축복으로 포장하고, 이웃과 피조물과 누리는 참된 사귐을 깨뜨리면서 영성을 찾는 것은 눈 가리고 아웅 하는 식이겠지요. 하나님과 창조세계가 분리될 수 없는데, 뭇 생명을 파괴하면서 그리스도인이 그 의미를 알지 못하는 것은 참된 영성이 없거나 거짓 영성에 현혹되었기 때문입니다.

나는 이 글에서 그리스도교 영성을 "하나님과 만물과 사람이 맺는 코이노니아"라 하겠습니다. 영성(靈性)을 글꼴에 따라 이해하면 '영의 본래 성질'이라고 할 수 있습니다. 사람의 타고난 본모습을 인성(人性)이라 하고, 사물의 본래 특징을 물성(物性)이라 하듯 말입니다. 영의 본래 성질은 라틴어 스피리투스(spiritus)에서 유래한 것으로 하나님의 숨결에 있습니다. 그 숨결은 각 존재에 생명을 부여하고, 모든 존재의 그물망을 엮어 가는 힘이며, 하나님과 만물과 사람을 코이노니아로 이끌어갑니다. 헬라어 코이노니아는 한국어로 번역하기 쉽지 않은 다양한 의

미를 지니고 있지만, 사귐, 친교, 교제, 연합, 참여, 공동체 등의 뜻으로 우리 조상들의 언어로는 불일불이(不一不二)에 가깝습니다. 그리스도교 신앙이 성부와 성자와 성령의 관계를 상호내재와 상호친교로 이해하듯이, 하나님과 만물과 사람은 하나도 아니요, 둘도 아니요, 셋도 아니라 할 것입니다. 하나님의 숨결 안에서 하나님과 사람과 만물은 구분은 되지만 분리될 수 없습니다. 나는 그러한 관계를 코이노니아 또는 사귐이라 사용하겠습니다.

그리스도인에게 생태파괴는 하나님과 사람과 만물이 맺는 코이노니아 관계가 깨진 것이기에 영성의 문제이며, 그 치유책 또한 영성에서 찾아야 합니다. 이 시대에 주어진 그리스도교 영성의 과제는 하나님과 만물과 사람이 맺는 코이노니아를 깊이 깨닫게 하고, 실천적 헌신으로 이끌며 지구생명공동체의 풍성함에 기여하는 것입니다. 구상 시인은 노년에 "두 이레 강아지만큼 은총에 눈을 뜬다" 하면서 눈을 뜨니 세상은 은총으로 가득하고, 모든 것이 새롭고 소중하고 아름답다고 창조의 경이로움을 노래합니다. 참된 영성은 만물에 깃든 하나님의 숨결을 느끼고, 존재의 근원이신 하나님의 경이로움에 눈을 뜨게 할 것입니다. 그렇게 함으로써 약속된 미래, 즉 만물과 사람이 맺는 새로운 사귐의 시대가 펼쳐질 것입니다.

작가 한강이 노벨문학상 수상 강연에서 "과거가 현재를 도울 수 있는가?" "죽은 자가 산 자를 구할 수 있는가?"라고 질문했습니다. 소설가는 소설을 쓰는 동안 "실제로 과거가 현재를 돕고 있다고, 죽은 자들이 산 자를 구하고 있다고 느낀 순간들이 있었다"라고 고백합니다. 소설가의 고백을 사람과 만물에 적용할 수 있습니다. 지구공동체를 살아가는 모든 존재는 과거의 도움을 의지하여 오늘의 생명을 살아가고 있습니다. 미리 가보지 못한 약속된 미래의 길을 걷기 위해, 먼저 간 신앙의 선배들이 보여준 사람과 만물의 사귐을 지혜로 삼아 한 발 앞으로 전진하고자 합니다.

책의 순서에 따라 신앙의 선배들이 창조세계와 누렸던 사귐을 소개하고자 합니다. 제1장 "생태적 관상가 토마스 머튼"은 20세기 가장 영향력 있는 그리스도교 영성가 토마스 머튼(1915-1968)에 관한 글입니다. 장로회신학대학교에서 영성신학을 가르치는 오방식 교수님은 한평생을 진지하게 머튼 연구에 헌신하신 분입니다. 교수님은 이 글을 통해 아직 밝혀지지 않았던 머튼의 생태적 영성과 관상적 기도가 깊이 연결되어 있음을 보여주셨습니다. 머튼에게 자연은 단순한 피조물이 아니라 하나님의 현존을 드러내는 성사적(real sacramental) 장소였습니다. 그는 숲 속을 거닐며 바람, 나무, 새의 울음소리를 통해 하나님의 음성을 들고, 산과 계곡의 침묵 속에서 자신의 내면을 비추는 빛을 발견했습니다. 머튼의 글과 일기 속에는 자연에 대한 관상적 통찰이 가득하며, 환경파괴와 인간중심적 사고에 대한 경고를 담고 있습니다. 머튼의 관상적 기도와 생태적 체험은 결코 분리되지 않았습니다. 그는 자연을 있는 그대로 볼 수 있는 눈이 있었고, 그 눈은 하나님의 신비로운 현존 앞에 머물며 더 깊은 침묵 안에서 하나님을 응시할 수 있었습니다.

제2장 "거룩한 책 창조세계"는 그리스도교 영성사 안에서 창조세계를 거룩한 책으로 대했던 전통을 탐구한 내용입니다. 나는 생태영성을 연구하면서, 토박이 한국인으로서 하나님과 만물과 사람이 나뉠 수 없다는 생각을 오랫동안 해 왔습니다. 이 글은 그러한 생각의 결과물입니다. 과거를 살았던 믿음의 선배들에게 창조세계는 단순한 물질이 아니었습니다. 오히려 하나님의 현존과 지혜가 가득한 거룩한 책(Book of Nature)으로 여겨졌습니다. 시편의 시인은 자연을 통해 하나님의 영광을 선포한다고 말씀하며(시 19:1), 바울은 창조된 세계가 보이지 않는 하나님을 드러내는 표징으로 작용한다고 말씀합니다(롬 1:20). 아우구스티누스는 성경뿐만 아니라 창조세계도 하나님의 말씀을 담고 있다고 보았으며, 프란체스코는 태양과 달, 바람과 불을 형제와 자매로 부르며 자연과 깊은 교감을 누렸습니다. 우리가 창조세

계를 거룩한 책으로 읽으며 기도와 묵상(lectio divina)을 실천할 수 있다면, 하나님과 만물과 사람이 누리는 친밀함을 키워갈 수 있을 것입니다.

이어지는 글의 내용은 이공(李空) 이세종 선생님(1880-1942)과 '헌신짝' 이현필 선생님(1913-1964)의 신앙과 생태영성을 담고 있습니다. 한국 개신교 영성의 뿌리는 이공(李空) 이세종 선생님과 스스로를 '헌신짝'이라 칭했던 이현필 선생님입니다. 이 두 분은 전형적인 한국인으로서 외부의 신학적 영향을 거의 받지 않았지만, 오직 성경을 읽고 묵상하며 예수 그리스도의 가르침을 그대로 실천하고자 했던 신앙인이었습니다. 놀랄만한 점은 두 분의 영성이 그리스도교 영성사에 등장하는 프란체스코 성인과 맥을 같이 한다는 점입니다. 영성가 리차드 로어가 독일신학은 사변적인 교실신학에 갇혔고 미국신학은 근본주의 신학의 포로가 되었다고 하였는데, 신학과 목회를 하는 이들이 앵무새 마냥 서양신학을 반복하고 있습니다. 나는 이공(李空) 선생님과 이현필 선생님의 생태영성이 이 땅의 신학과 영성을 정립하는 데 도움을 주며, 오늘을 사는 우리들의 길잡이가 될 것을 확신하고 있습니다.

제3장은 이공(李空) 이세종 선생님이 보여주었던 생태적 삶

과 깊은 영성에 관한 내용입니다. 선생님은 전남 화순군 도암면 등광리의 작은 산골 마을에서 농부로 평생을 보냈지만, 그분의 깊은 영성과 삶은 많은 이들에게 큰 영향을 주었습니다. 토박이 한국인으로서 그리스도교 신앙을 접하면서, 선생님은 자연과 깊은 교감과 일치의 삶을 사셨습니다. 선생님은 산과 들에서 기도하며 찬양하였고, 만물을 거룩한 책으로 대하며 사셨습니다. 선생님께서 보여주신 생명에 대한 경외심과 존중의 모습은 오늘날 그분을 생태적 예수님의 모습을 비춰는 거울이라 하겠습니다.

제4장은 한국 그리스도교 개신교 수도회 동광원을 설립한 이현필 선생님(1913-1964)에 관한 글입니다. 그분은 이공(李空) 이세종 선생님의 뒤를 따랐고, 한국교회 영성사에서 독보적인 자리를 차지하는 분으로 "맨발의 성자"라 불리기도 합니다. 이 글과 다음 글을 쓰신 분은 김영락 목사님입니다. 목사님은 강원도 홍천에 있는 하늘길수도원에서 가난과 검소한 생태적 삶을 추구하며 수도생활을 하고 계십니다. 목사님은 기독교환경운동연대 초대 사무총장을 역임하셨던 활동가셨으나, 생태적 치유의 열쇠를 "가난한 자는 복이 있다"라는 예수님의 말씀에서 찾고 실천하는 수도자입니다. 가난한 자의 복을 누렸던 이공(李空) 이세종 선생님과 이현필 선생님의 삶을 따라 살며 자신을 소공(小

쏘)이라 부르며 겸손하고 청빈한 삶을 살고 계십니다.

　　이현필 선생님의 생태영성은 모든 창조세계를 존중하고 사랑하는 그분의 삶과 가르침에서 분명하게 드러납니다. 선생님은 "만물은 내 지체요, 인류와 이웃은 내 몸이다"라고 고백하면서 인간과 자연이 하나로 연결되어 있음을 강조하였습니다. 이를 실천하기 위해 선생님은 철저하게 채식을 하였으며, 살생을 피하고, 자연을 해치지 않는 삶을 사셨습니다. 그분은 동광원이 자연과 조화를 이루는 공동체가 되기를 바라셨고, 자연 속에서 하나님의 거룩한 임재를 맛보고는 하였습니다. 선생님은 단순한 금욕적 삶이 아니라 창조세계를 하나님이 현존하는 거룩한 책으로 인식하였습니다. 선생님과 그를 따르는 동광원 식구들은 창조세계를 경외하며 살아가는 생태적 삶의 방식을 보여주는 살아있는 교과서라 할 수 있습니다.

　　제5장에서 김영락 목사님은 현재 우리가 직면하고 있는 생태파괴에서 "피조물의 신음소리"를 듣고, 이를 치유하고 해결하는 방법으로 "가난의 영성"을 제안하셨습니다. 목사님은 예수님께서 말씀하신 "가난한 자가 복이 있다"라는 선언은 단순한 도덕적 가르침이 아닌 자연과 조화를 이루며 사는 삶의 방식이라 믿고 따르고 있습니다. 그래서 그분은 현대인에게 가난을

두려워하지 말고, 복음에 따라 새로운 삶의 방식을 실천해 보라고 초대하고 있습니다. 가난의 영성은 단순히 경제적 빈곤을 의미하는 것이 아니라 창조세계와 조화를 이루며 사는 삶의 방식이며, 이를 실천할 때 인간과 자연 모두가 회복될 수 있음을 보여주고 있습니다.

그리스도인으로서 생태적 삶을 보여주었던 신앙의 선배들과 영성훈련의 일부를 살펴 생태적 희망으로 삼고자 합니다. 나는 이 책이 정보를 제공하는 책이 아닌 삶을 생태적으로 변화시키는 데 작은 역할을 하기를 바랍니다. 하나님의 숨결이 당신과 지구공동체를 가득 채워 풍성한 생명의 나라가 이 땅에 임하기를 기원합니다.

2025년 4월 1일
순천에코포럼 디렉터 **최광선**

CHAPTER 1

생태적 관상가
토마스 머튼

오방식

토머스 머튼

20세기 영성가 토머스 머튼(Thomas Merton, 1915-1968)은 『통회하는 한 방관자의 생각』에서 아직 칠흑같이 어두운 시간, 이제 막 밝음이 찾아오려 할 때 계곡의 새가 눈을 떠 울기 시작하고 그 울음과 함께 새가 존재로 깨어남을 노래한다. 어둠과 빛 사이, 경이롭고 형언할 수 없이 순결한 순간, 하나님이 완전한 침묵 가운데 새의 눈을 뜨게 할 때, 새는 정적을 깨뜨리는 첫 울음소리를 낸다. 계곡에서 깨어난 새의 하루 첫 울음소리는 절대무(無)의 지점으로 온 계곡을 초대한다. 절대무의 지점은 순수 지점으로 존재의 가장 깊은 자리, 마음(heart)을 상징한다. 머튼은 새의 새벽 울음소리를 깨어남을 위한 기도로 알아듣는다. 존재의 가장 깊은 자리에서 새는 하나님께 존재할 시간인지 묻고, 하나님은 '그렇다'라고 대답하신다. 그때 새는 깨어난다. 새는 하나님께 할 일이나 활동에 대해 묻지 않고, 존재로 깨어나기를 청하는 기도를 드린다. 하나님은 허락하시고, 새는 새벽마다 존

재로 깨어난다.¹

머튼은 "새벽의 부제(Deacon of Dawn)"가 지혜를 외친다고 묘사하며, 새벽에 자연 속에서 들려오는 소리를 신적 지혜의 부르심이라 한다. 이 표현은 머튼의 관상적 영성이 자연과 깊이 연결되어 있음을 보여준다. 수도원에서 새벽기도(Vigils)를 위해 깨어날 때, 새가 새벽의 부제가 되어 하나님의 지혜를 선포하는 것과 같은 체험을 반영한 것이다. 머튼은 종종 새벽녘을 하나님의 현존과 깨달음의 시간으로 여겼고, 하나님의 지혜가 담긴 새의 울음소리를 중요하게 여겼다.

이 글은 머튼의 관상적 삶이 생태적 체험과 밀접하게 연결되어 있음을 고찰할 것이다. 특별히 "화재 감시"와 "비와 코뿔소"를 중심으로 살펴보려 한다. "화재 감시"는 수도원에서 전통적으로 볼 수 있는 관상훈련의 형태라면, "비와 코뿔소"는 숲속에서 침묵 가운데 빗소리를 듣는 생태적 체험을 담고 있다. "화재 감시(The Fire Watch)"는 『요나의 표징』에 나오는 글로 머튼이 수도원의 야간 화재 감시를 하면서 경험한 깊은 영적 통찰을 담고 있다. 그는 어둠 속에서 깨어 있으면서 신비로운 하나님의 현존을 묵상하는 내용이다. "비와 코뿔소"는 『말 없는 자의 습격』에 수록된 글이다.² 이 책은 현대문명과 영성에 대한 비판적 성찰을 담고 있다. "비와 코뿔소"는 산업문명의 소음과 자연의 침묵을 대비시키며, 자연과 조화를 이루는 삶을 강조하는 대표적인 글이다. 두 글은 머튼의 관상적 영성과 생태적 체험을 잘 보여주며 오늘날 인류가 직면한 생태위기와 영적 위기에 대한 중요한 통찰을 제공한다.

이 글에서 말하는 관상기도는 마틴 레어드가 『기도 수업』에서 사용한 개념으로 "알아차림" 또는 "깨달음 안에 단순히 앉아 있는 것"이란 뜻이다.[3] 그는 5세기 동방교회 영성가 성 헤지키오스(St. Hesychios)가 기도 안에서 경험했던 깨어있는 알아차림(watchful awareness)을 관상기도라 설명한다. 머튼에게 자연은 깨어있음을 알아차리게 하는 관상기도의 장이다. 그는 새 울음소리, 빗소리, 나뭇잎의 흔들림, 바람 소리 속에서 하나님의 목소리를 들으며, 하나님의 현존 앞에 머무는 경험을 하였다. 머튼에게 관상기도와 생태적 체험은 둘로 나뉠 수 없었다. 그는 자연 속에서 하나님을 만나고, 자연과 조화를 이루는 삶이 곧 하나님과 깊은 일치로 나아가는 길임을 알아차렸던 것이다.

Ⅰ. 화재 감시

머튼은 1947년 1월 5일부터 1952년 7월 4일까지 쓴 일기에서 일부를 발췌하여 『요나의 표징』을 출판하였다. 그 책의 에필로그가 "화재 감시"이다. 그 속에 나타난 머튼의 관상적 기도와 생태적 체험의 관계를 살펴보고자 한다.

겟세마니 수도원은 머튼이 수도자로 살기 위해 1941년 12월 10일 입회하여 10년을 보낸 곳이다. "화재 감시"는 1952년 7월 4일 머튼이 수도원의 야간 경비 임무를 맡아 수도원 건물을 순찰하는 가운데 주어진 내면의 체험을 쓴 산문시 일기이다.[4] 그는 방화 감시자로서 의무를 설명하며, 수도원의 일반적인 의미와 특히 수도자로서 자신의 삶에 대한 깊은 성찰을 보여준다.

머튼은 하루의 마감인 끝기도(Compline)를 마친 후 야간 경비 임무인 화재 감시를 준비한다. 그는 3층 요양소 계단 밑에서 운동화를 꺼내 신고, 시계, 손전등, 그리고 점검을 위해 필요한 여러 방 열쇠를 준비한다. 화재 감시를 시작하기 15분 전, 머튼은 어둠 속에 홀로 앉아 있다. 그 시간 머튼은 지금 현재에 머물며 "하나님의 현존 안에 있는 머튼"을 주시한다. 하나님 안에서 밤과 하나가 되어 소임을 수행하는 자신을 바라보고 있는 또 다른 머튼을 알아차린다. 화재 감시를 위해 머튼은 수도원 1층 창문 밖, 컴컴한 정원에 앉아 창문에 달린 노란 등불을 의지해서 주일 제2저녁기도를 바친다. 화재 감시 업무는 "현재"이다. 그 시간과 장소에 온 존재로 깨어 있음이다. 지금 이곳에 있는 것을 보고 듣는 동시에 그 자리에 있는 자신을 온전히 알아차림이다. 에필로그 "화재 감시"는 일관되게 "현재"에 서 있는 머튼과 그 것을 알아차리는 머튼을 그림처럼 보여준다.

1. 밤과 어둠의 신비

머튼은 수도원을 돌면서 그곳에 있는 것들을 보고 알아차릴 뿐만 아니라, 수도원 건물 곳곳에서 풍기는 냄새들을 알아차리고 그 모두를 섬세하게 묘사한다.[5] 밤과 하나가 되어 밤의 소리를 듣고, 모든 것을 보고, 냄새를 맡으며 그렇게 온전히 깨어 있는 머튼 자신, 머튼은 그러한 자신을 알아차리고 있다.

나는 축축한 안갯속에 성당 어깨너머로 미끄러져 내리는 달빛과 수그러드는 열기와 더불어 밤의 유창한 언어, 젖은 나무들의 밤 이야기를 듣기 시작한다. 이 밤의 세계는 동물의 능변과 알려지지 않은 수많은 피조물의 멋진 순결로 천당에서 지옥까지 울려 퍼진다. 지구가 편안해지고 거대하게 젖은 생명처럼 열기를 식히는 동안, 그들 음악의 막대한 활력은 모든 것 안에 스며들 때까지 사정없이 두들겨 소리 내고 울리고 진동하고 메아리친다.[6]

머튼의 밤은 거대한 오케스트라와 같다. 밤의 향연을 위해 사용되는 악기는 어둠의 모든 소리이다. 이름 모를 벌레의 울음소리, 달과 밤의 이야기, 나무의 이야기, 수탉의 울음소리, 경비원의 발자국 소리, 수도자가 코를 고는 소리 등 모든 것이 어우러져 완벽한 울림이 된다. 누가 이 소리를 순수하게 들어줄 것인가? 머튼은 밤 안에서 밤과 하나가 되어 밤의 피조물이 부르는 노래를 듣는다.

머튼은 밤이 자신에게 하는 모든 이야기를 듣는다. 밤의 언어는 밤의 피조물만 알아듣는다. 밤은 낮처럼 생각, 기도, 이념 같은 추상적인 개념을 좋아하지 않는다. 낮에 하는 논리적 사고는 빛과 어두움, 모든 사물을 갈라놓고 평가하고 질문한다. 그러나 밤은 아예 토론할 필요를 느끼지 않는다. "아마 가장 빨리 실제로 해야 하는 단념은 모든 질문을 포기하는 것이리라."[7]

머튼의 화재 감시는 지하실 2층 창고에서 시작하여 부엌으로, 지하실 1층의 보일러실을 거쳐 1층 수련소 성당과 수련소로 옮겨간다.⁸ 다시 지하 1층으로 내려와 제빵실, 그리고 지하 2층의 보일러실을 점검하고 또 1층으로 올라와 수련소 성당과 수련소, 도자기 작업실을 점검하고 종탑으로 올라가며 2층과 3층을 점검한 후 종탑으로 간다. 그는 이러한 동선으로 수도원을 돌면서 밤의 소리를 듣고 거기에 있는 것들을 보며 그것들을 알아차리고 밤의 냄새까지도 알아차린다.⁹ 동선을 보면 머튼의 순찰은 단순히 화재 감시가 목적이 아닌 것을 알 수 있다. 그의 동선은 전혀 효과적인 업무 수행을 위한 것이 아니다. 그는 화재를 감시하는 단순한 순찰을 넘어 하강과 상승의 움직임에 따라 수도자로서 삶을 진지하게 반추하며 성찰한다.

화재 감시를 진지하게 시작한 것은 수련소에 도착해서다. 혼자서 조용히, 잠자는 거대한 수도원 복도를 정해진 대로 순찰할 때면, 이 구석 저 구석에서 수도원의 지난날과 성소의 신비를 마주하게 된다.

화재 감시는 양심 성찰이다. 경비원의 임무가 진정한 빛으로 나타난다. 자기를 격리하도록 하나님이 마련해 주신 구실, 어두움의 심연에서 등불을 켜고 의문을 가지고 자기 영혼을 성찰할 구실을 준다.¹⁰

그는 수도원 구석구석을 살피는데, 수도원의 모든 방은 수도원의 역사뿐 아니라 머튼의 역사가 묻어있다. 머튼은 조용히 잠들어 있는 거대한 수도원을 순찰하며 수도원 삶의 과거와 소명의 신비를 마주하며 기도하게 된다. 머튼에게 화재 감시는 그 자체로 양심 성찰의 자리이다. 하나님께서 자신을 일상에서 완전히 분리시켜, 어둠 속에서 자신의 영혼을 탐색하도록 마련하신 시간이다.

머튼은 화재 감시에서 중요한 것은 깊이 내려가는 것이라고 밝히는데, 이것은 머튼이 영적으로 경험하는 것을 묘사하는 것이다. 성당은 수도원의 역사와 머튼의 역사가 가장 짙게 묻혀 있는 곳이다. 자신이 서원하고, 거룩한 제사를 위해 손에 기름을 받은 곳, 사제직 인호를 받은 곳, 그의 영적 삶에서 가장 중요한 일이 벌어지는 장소이다. 성당에서 머튼은 자신이 추구하는 모든 삶이 환상이고 진실하지 않을 수 있음을 깨닫는다. 머튼은 밤의 성당에서 아무리 거룩하고 깊은 생각이라 할지라도 그것조차 하나님의 깊은 사랑과 침묵을 방해할 수 있다는 사실을 깨닫는다.[11] 깊은 침묵이 머튼의 모든 허구를 벗겨준 것이다. 낮에 수도자로서 힘쓰는 모든 경건한 노력이 허울뿐일 수 있다는 것을 깨달으며 이 밤에 그 모든 것이 허물어지는 경험을 한다.

오 하나님, 당신의 실체는 수많은 허구 가운데 제 삶에 친구로서 말씀하십니다. 허구란 이 벽들과 지붕과 아치들, (머리 위에 있는) 어리석게 크고 허울뿐인 탑을 말하는 것입니다. 주 하나님, 오늘 밤에는 온 세상이 종이로 만들어진 것 같습니다. 가장 실질적인 것들이 무너져 내리고 산산이 찢겨 바람에 날려가기 직전입니다. 모든 사람이 믿음을 두지만 어쩌면 존재하지 않을지도 모르는 이 수도원에 무엇이 더 있겠습니까!¹²

그는 성당에 앉아 수도자로서 자신이 추구하는 모든 것이 완전히 무너져 불타서 마치 재가 되는 것과 같은 경험을 하게 된다. 머튼은 하나님께서 자신이 볼 때 가장 거룩하게 생각되는 건물까지 완전히 다 불태우시는 것을 체험하게 된다. 모든 것이 내적으로 흩어지고, 허물어지고, 무너져 무(無)가 된 머튼은 이제 무로서 탑을 오르기 시작한다. 하나님과 만남은 어떤 개념이나 말, 기도하는 사람의 어떤 경건의 능력으로 이루어지는 것이 아님을 보여준다.

오 하나님, 저의 하나님! 밤은 낮이 꿈도 꾸지 못한 가치를 가지고 있습니다. 모든 것은 깨어 있든, 자고 있든 밤에게 활력을 받으며 자신의 파멸이 가까이 왔다는 것을 압니다. 사람만이 자기가 건실하고 영원하다고 생각합니다. 그러나 저희가 저희 자신에게 질문하고 결정을 내리면 하나님은 저희 결정을 날려버리시고, 저희 집 지붕은 저희 위에 무너져 내리며, 높은 탑의 기초는 개미들에게 침식당합니다. 벽은 갈라져 무너집니다. 경비원이 계속 순찰하는 동안 가장 거룩한 건물들은 불타 재가 됩니다.[13]

이제 탑으로 올라가는 머튼은 수도원 2층의 게스트 하우스와 도서관, 3층의 수사들의 숙소와 요양소를 지나간다. 하나님의 현존을 직접 대면하기 위해 머튼이 마지막으로 지나가는 곳이 수련소와 성당을 지나 게스트 하우스, 도서관, 수사들의 숙소와 요양소를 통과하는 길이라는 것은 성찰적인 차원에서 상당히 의미가 있어 보인다. 모든 거룩한 것까지 다 무너지는 경험을 했지만, 머튼의 성찰이 다 끝난 것은 아니다.

게스트 하우스는 머튼에게 11년 전 자신이 수도원에 들어올 때의 고요, 어두움, 공허감을 떠올려준다. 머튼은 무엇 때문에 사막으로, 무엇을 보기 위해, 누구를 찾아 이곳에 왔는지 되돌아보며 "사람들에게 연민을 가지신 그리스도 외에 그 누구를 찾아 이곳에 왔는가?"라고 자문한다.[14] 도서관은 금서로 가득한 방, 피정자들이 앉아 강론을 듣는 방, 수도자 신학생들의 공부방을 포함하는데, 그곳은 머튼이 진리에 이르기 위해 진지하게 고민하며 탐구하는 자리이다. 숙소는 수도자 머튼이 있는 그대로의 한 사람, 머튼 자신으로 살아가는 스스로를 가장 가깝게 바라볼 수 있는 곳이다. 벌거벗은 인간의 모습으로 하나님께 나아가는 머튼을 상상해 보게 된다. 요양소는 수도자로서 가장 연약한 자신을 만나는 곳이다.

머튼은 이 덥고, 작고, 네모난 성당이 있는 방에 얽힌 특별한 인연을 상세히 밝힌다. 그곳은 수도 생활을 하기 전에 피정을 한 방, 수도복을 받고 서원과 수품을 한 방, 가장 깊은 내면의 열망을 경험하고 표현했던 자리로서, 존재의 심연에서 나오는, 말로 표현할 수 없는 어떤 것을 말하지 않고는 이곳을 그냥 지나칠 수 없다고 말한다. 어떤 말도 침투할 수 없는 머튼의 침묵과 하나님의 침묵이 하나로 어우러진 거대한 침묵만이 있는 자리이다. 머튼은 그 침묵이 자신을 탑까지 들어 올린다고 고백한다.[15]

2. 위대한 밤의 하나님

머튼은 이제 모든 성찰을 마치고 수도원의 꼭대기, 교회 종탑으로 올라간다. 성당 지붕까지 계단을 따라 오르고, 다시 성당 지붕에서 종루로 휘감아 도는 계단을 오르면 정상에 이르게 된다. 탑에 오른 머튼은 이제 종루로 나가 그곳에 불어오는 바람을 들이쉰다.

나는 문을 잡고 있다. 그 문을 통해 천국을 바라본다. 문은 암흑과 기도의 거대한 바다를 향해 밖으로 열린다. 죽는 순간에도 이럴까? 주님은 넓은 숲 쪽으로 문을 열어 달 아래 있는 사다리를 오르게 하여 별들이 있는 곳으로 나를 데려가시려는 걸까?[16]

종루로 나가니 숲과 언덕을 향하는 기다란 양철 지붕이 머튼의 발밑에서 반짝인다. 머튼은 나무 꼭대기보다 더 높은 곳에 서서 눈앞에 펼쳐진 광경, 물리적으로 보이는 것 그 이상을 보며 시적으로 묘사한다. 하나님과 일치된 머튼은 그분의 시선으로 생명이 깨어나, 그 살아있는 것들이 노래하며 고동치는 것을 바라본다.

습한 열기가 뿜어낸 안개가 모두 잠들어 있는 수도원 주변 들판에 피어오른다. 계곡이 온통 달빛으로 넘친다. 나는 물탱크 저편 남쪽 언덕들을 세며 북쪽 숲 나무들에 번호를 매길 수 있다. 이제 살아 있는 것들이 내 발아래 세상에서 깨어나고 있다. 생명이 흐르는 물에서 노래하고 샛강과 들과 나무에서 고동친다. 뛰고 날고 기는 것들의 수많은 무리가 노래하며 고동친다. 차가운 하늘이 저 높은 곳에서 얼어붙은 채 멀리 떨어져 빛나는 별들을 향해 열려 있다.[17]

이제 그는 시계를 종루 턱에 놓고 탑에 기댄 채 기도한다.

위대한 밤의 주인이신 하나님, 당신도 숲을 보고 계시는지요? 그들 외로움의 풍문을 듣고 계시는지요? 그들의 비밀을 아시는지요? 그들의 고독을 기억하시는지요? 제 영혼이 제 안에서 밀초처럼 녹아내리는 것을 아시는지요?[18]

주님 개울가를 기억하십니까? 계곡에 기차가 지나가던 가을 무렵, 포도밭 꼭대기를 기억하십니까? 맥긴티의 우묵한 곳을 기억하십니까? 하네캠프네 뒤에 있는 나무가 많지 않은 언덕 중턱을 기억하십니까? 산불이 났을 때를 기억하십니까? 저희가 봄에 심은 작은 포플러나무가 어떻게 되었는지 아십니까? 주님은 제가 나무에 표시해 놓은 계곡을 살펴보셨습니까?[19]

거기에는 당신이 돌보시지 않은 잎은 하나도 없습니다. 소리를 내기도 전에 당신이 듣지 않은 외침은 없습니다. 혈암에 흐르는 물마다 당신 지혜가 숨어 있었습니다. 당신은 모든 샘을 감추어 놓았습니다. 당신이 계획하지 않은 외딴집이 들어설 골짜기는 없습니다. 당신이 만들어 놓지 않은 드넓은 숲을 소유한 사람은 없습니다.' [20]

머튼은 낮에 보지 못하는 것을 보기 시작한다. 밤은 눈에 보이는 것만이 전부가 아니라 보이지 않는 것도 거기 온전히 존재한다는 것을 일깨워준다. 머튼은 자신이 보는 피조물이 어느 곳에 있을지라도 모두 거룩한 존재임을 깨닫는다. 그들은 모두 하나님께서 "있어라" 하신 곳에 있기 때문이다. 밤의 피조물들은 언젠가 떠날 줄을 아는 지혜로운 피조물이다. "단단한 언덕들은 낡은 옷처럼 사라질 것이다. 모든 것은 변하고 죽고 사라진다." [21] 머튼에게 밤은 모든 피조물, 사람까지도 새롭게 태어나게 해 주시는 생명의 산실이며, 모든 피조물은 "깨어 있든 자고 있든 밤에게 활력을 받는다." [22]

머튼은 이제 질문에 대한 대답보다 침묵 그 자체에 더 큰 위안을 느낀다. 영원한 현재에 머물면서 불씨의 작은 불꽃이 마음을 가로막고 있던 장벽을 무너뜨리는 것을 경험한다.

나는 별을 보고 있지만 이제 그들을 아는 체하지 않는다. 내가 숲속을 거닐었지만, 그들을 사랑한다고 어떻게 공언할 수

있는가? 나는 개체의 이름을 하나둘 잊을 것이다.[23]

마음의 모든 분리가 사라지고 주위 모든 피조물의 세계와 완전한 교제로 나아가길 소망한다. 이제 머튼은 주님의 현존을 생생하게 체험하며, 주님은 생명에서 태어나는 생명, 지혜에서 태어나는 지혜로, 머튼은 자신이 주님과 친교(communion) 가운데 있음을 깨닫는다. 주님은 머튼 안에 계시고, 머튼은 주님 안에, 주님은 사람들 안에, 사람들은 머튼 안에 있음을 체험한다.

내 품에서 주무시는 주님은 말로 만나는 것이 아니다. 생명에서 태어나는 생명, 지혜에서 태어나는 지혜로 만난다. 주님은 일치 안에 계신다. 주님이 내 안에 계시고 나는 주님 안에, 주님은 사람들 안에, 사람들은 내 안에 살아 있다. 포기 안에서 포기, 공평 안에서 공평, 비움 안에서 비움, 자유 안에서 자유를 이룬다. 나는 혼자다. 주님도 혼자다. 아버지 하나님과 나는 하나다.[24]

하나님의 음성이 낙원에서 들린다.

"한때 하찮았던 것이 지금 소중한 것이 되었다. 지금 소중한 것은 하찮았던 적이 없다. 나는 하찮은 것을 늘 소중한 것으로 여겼다. 나는 무엇이 하찮은 것인지 모른다.

한때 잔인했던 것이 자비로운 것이 되었다. 지금 자비로운 것은 잔인했던 적이 없다. 나는 나의 자비와 나도 모르는 잔인함으로 요나를 어둡게 했다. 내 자녀 요나여, 나를 본 적이 있는가? 자비, 깊고 깊은 자비. 나는 우주를 끝없이 용서해 왔다. 나는 죄를 모르기 때문이다.

한때 가난했던 것이 무한한 것이 되었다. 무한한 것은 가난했던 적이 없다. 나는 언제나 가난을 무한한 것으로 여겼다. 나는 부를 좋아하지 않는다. 감옥 속 깊이 있는 감옥이기 때문이다. 세상에 현혹되지 마라. 세상에서는 시간과 공간이 타락하고, 분이 더 작게 쪼개져 남몰래 도망간다. 내 아들 요나야, 강물이 너를 멀리 쓸어가지 않도록 시간에 매달리지 마라.[25]

한때는 나약했던 것이 힘없는 것이 되었다. 가장 나약한 것을 나는 사랑했다. 아무것도 아닌 것을 나는 올려다보았다. 실체가 없는 것을 만졌다. 없는 것 안에 내가 존재한다."[26]

하나님의 마음으로 모든 것을 바라보는 머튼, 완전히 다른 시각으로 인간의 연약함을 바라보는 머튼이다. 그는 "거대한 태양이 떠오르고 사파이어 같은 이슬방울이 풀잎에 맺혀 있다. 날아가는 비둘기의 조용한 날갯짓에 잎새가 흔들린다"라고 묘사한다.27

한없이 평화롭고 밝으며 생명이 넘치는 새벽 자연의 장면이다. 장면에 대한 머튼의 묘사도 중요하지만, 텅 빈 마음으로 이것을 바라보는 머튼의 시각이 놀랍다. 거대한 태양과도 같고 바람과도 같은 하나님과 일치된 마음으로 머튼은 이 장면을 바라보며 머튼은 자신이 보는 것을 문학적으로 잘 표현하고 있다. 여기서 머튼은 존재 자체를 있는 그대로 바라보고 있다. 머튼은 이것을 달리 어떤 목적으로 이용하거나, 아름답게 미사여구를 사용하여 표현하거나, 인위적으로 어떤 색채를 더하려 하지 않고 선(仙)적인 마음으로 바라보고 있다. 머튼은 자신이 하나님의 자비로운 현존 안에 싸여있음을 느낀다. 날아가는 비둘기의 조용한 날갯짓에 잎새가 흔들리는 것처럼 머튼은 하나님의 날갯짓에 살아간다. 하나님, 태양, 비둘기, 이슬방울, 풀잎, 머튼, 그리고 모든 피조물이 하나로 어울려 살아간다. 이 모든 것이 주님 안에 있으며 함께 어우러진 주님의 춤이다.

머튼은 거룩한 창조세계 안에서 주님과 자신이 하나가 되어 주님의 마음으로 만물 너머의 거룩함을 본다. 그는 알아차림

그 자체만 남아 있는 관상체험을 하고 있다. 나와 너와 만물이 나뉠 수 없는 생태적 체험이요, 동시에 관상적 체험이다. 고전 시경(詩經)에 나오는 연비어약(鳶飛魚躍)은 솔개가 날고 물고기가 뛴다는 뜻으로 자연이 보여주는 조화로움의 극치와 자연이 우주의 원리를 따라 돌아가는 가장 아름다운 모습을 일컫는다. 머튼은 거대한 태양이 떠오르고 비둘기의 날갯짓에 잎새가 흔들리는 것이라 묘사한다. 이 표현은 자연이 하나님의 평화와 생명력 속에서 최고 경지의 조화로운 상태임을 묘사하고 있다.

화재 감시는 수도원을 순찰하는 과정 안에서 일어나는 성찰의 과정과 그 성찰의 끝에 피조물 안에 계신 하나님을 만나는 과정을 생생하게 보여준다. 머튼은 화재 감시를 위해 수도원을 순찰하는 가운데 '현재'에 머물면서, 밤의 피조물들의 소리를 듣고, 수도원 안에 있는 것들을 보고, 흘러나오는 냄새를 맡고, 밤의 침묵을 경험하며 느끼고, 그 안에 있는 자기 자신을 알아차리며 자신의 과거 삶에 대한 성찰을 자연스럽게 하게 된다.

그러한 성찰 가운데 심오한 침묵을 경험하고, 자신이 수도자로서 어떤 삶을 살아왔는지를 보며 성찰하는 가운데 자신 안에서 어떤 놀라운 일이 내적으로 이뤄지는지를 보여준다. 밤의 성찰은 머튼에게 밤과 하나 되는 체험이며, 침묵 가운데서 어떤 친밀한 말보다 더 가깝게 현존하시는 하나님을 뵙는 순간이다. 그것은 수도자로서 자신이 낮에 추구하는 모든 노력이 밤에 수도원 건물이 무너지듯 완전히 무너져 마치 가루가 되는 것 같은 무의 체험, 더 이상의 토론과 질문이 전혀 필요하지 않은 완전한 침묵과 온전히 하나가 되는 내적 변형의 체험이 된다. 마침내 머튼은 그렇게 완전히 비워진 존재로 숙소와 요양소를 거치면서, 있는 그대로 벌거벗은 자신으로 수도원 교회 종탑을 오른다.

머튼은 수도원의 가장 높은 종탑에 서서 하나님께 기도한다. 이제 밤과 하나가 된 머튼은 낮에 보지 못했던 계곡의 수많은 작은 꽃과 나무, 계곡을 보며, 그것들이 하나님 안에, 그것들이 있도록 한 그 자리에 있음을 깨닫게 된다. 머튼은 하나님도 그것들 하나하나를 보고 계시며 그것들의 소리를 들으셨는지를 하나님께 묻는다. 이 기도는 그 존재들이 하나님 안에 있음을 생생하게 느끼며 머튼이 강력하게 그것을 표현하는 기도이다. 머튼은 눈앞에 펼쳐진 피조물 가운데 현존하시는 하나님, 모든 피조물과 완전히 하나를 이룬 하나님을 생생히 만나는 경험을 하게 된다. 그것은 말이나 개념이 아니라 생명에서 태어나는 생명, 지혜에서 태어나는 지혜로 만나는 것이다. 머튼은 "주님이 내 안에 계시고 나는 주님 안에, 주님은 모든 것 안에, 모든 것은 내 안에 살아 있다"라고 말한다. 머튼의 체험은 머튼과 자연, 그리고 하나님이 완전히 하나로 어우러진 모습이다.

머튼의 관상체험은 생태적인 체험이다. 밤으로 시작하여 거대한 태양이 떠오르고, 사파이어 같은 이슬방울이 풀잎에 맺혀 있고, 날아가는 비둘기의 조용한 날갯짓에 잎새가 흔들린다. 하나님의 음성이 낙원에서 들리고, 비둘기의 날갯짓을 통해 느끼는 하나님의 날갯짓에, 머튼은 자신과 피조세계가 그분의 현존 안에 감싸여 있음을 느끼며 온 존재로 잎새가 흔들리듯 하나님께 응답하는 머튼과 온 피조물의 모습을 보여준다.

II. 비와 코뿔소

"비와 코뿔소"는 머튼이 그날 비의 소리를 듣고 자신이 한 일을 말한다. 그 가운데 주어진 자신의 생태적인 관상체험을 간략히 기술하고, 비의 가치와 코뿔소 사회에 대한 비평에 할애한다. 이 글은 머튼이 실천하는 숲속의 고독 가운데 머무는 수련이 어떻게 얼마나 지속이 되어 왔는지를 살피고, 그가 묘사하는 생태적인 관상의 체험을 볼 것이다. 또한 "비와 코뿔소"에 나타난 머튼의 자연에 대한 관상적인 시각을 탐구할 것이다.

1. 숲속의 고독

머튼의 "비와 코뿔소"에 나타난 생태적 관상체험을 이해하기 위해, 그가 어떤 종류의 관상훈련을 실천해 왔을까를 고려하는 것은 유익하다. 머튼은 『통회하는 한 방관자의 생각』에서 '밤의 정기와 여명의 기운'이 사람들의 벌목으로 잘려나가 민둥산이 되어버린 숲을 복원하는 게 얼마나 중요한지를 강조한다. 밤과 여명 속에서의 쉼과 회복을 통해 나무들이 되살아나듯, 머튼은 사람의 본성도 그러하다고 말한다. 그는 "밤의 정기, 여명의 입김, 침묵, 수동성, 그리고 쉼이 없이는 우리의 본성은 본연의 그대로일 수 없다"라고 한다.[28]

머튼은 맹자가 인간의 바른 마음을 치유하고 회복해 나감에 있어 "밤의 정기"를 강조했던 것을 현대인들에게 전해준다.

맹자의 중심 되는 직관 중의 하나는 인간 본성이 기본적으로 선하다는 것이다. 하지만 이 기본적인 선함은 악행으로 인해 파괴되었으므로, 올바른 교육, '인성' 교육으로 세련되게 이끌어내져야 했다. … 특별히 여기서는 '밤의 정기'라고 번역된 '밤의 숨결(night wind)'을 맹자가 강조하는 것에 주목하라. 그것은 자비롭고 골고루 스며있으며 신비스럽고 무의식적인 자연의 영향인데, 맹자에 따르면, 함부로 건드려지지 않는다면 늘 인간 속에 존재하는 인간의 선한 기질, 즉 인간의 '바른 마음'을 치유하고 회복하는 것이 바로 이것이다.[29]

머튼은 밤의 숨결이 인간의 마음을 치유하고 회복시켜 준다고 한 맹자의 말을 자신의 영적 삶에도 중요한 가르침으로 받아들이고, 이를 실천에 옮기기를 원했다.

머튼이 들어간 수도원은 산 가까이에 있었다. 하지만 수도자들은 엄격한 수도원 일과를 따라 생활했기 때문에 자연 속에서 관상하는 수련이 강조되지는 않았다. 서구 그리스도교 영성이 자연 관상을 중시하지 않았기 때문이다. 그러나 머튼은 자연의 중요성을 깨닫고 적극적으로 자연 관상을 실천하며 깊은 영적 체험을 경험했다. 머튼이 '밤의 정기와 여명의 기운'의 중요성을 깨닫고, 수도원장에게 요청한 것은 혼자 숲속에서 고독의 시간을 갖는 것이었다. 1949년 6월 27일 원장 신부는 머튼이 낮에 얼마 동안 혼자 숲속에서 고독의 시간을 보내는 것을 허락해 주었다. 머튼은 숲속에 홀로 머물며 시간을 보내게 되었을 때 그 날의 일기를 매우 길게 쓰고 있는데, 그중 일부는 다음과 같다.

소나무 그늘 아래 앉아 골짜기 너머의 풍경을 바라보았다.

내가 앉아 있는 바로 아래로 바닥이 훤히 보이는 시냇물이 흐르고 암반의 바닥에서는 유리처럼 맑은 샘이 솟아나고 있었다. 암반에는 비스킷처럼 희고 쭈글쭈글한 결이 나 있었다. 골짜기 아래에서 새들의 지저귐이 들려왔다. 나무 위로 진한 오렌지색 찌르레기들이 불길처럼 날아올랐다. 찌르레기는 겁이 많아 수도원 가까이엔 날아오지 않는다. 어디선가 홍관조의 휘파람 소리가 들리고 이름 모를 새 두 마리가 아름다운 노래를 부르고 있다. 나이팅게일 소리처럼 노랫소리는 숲속에 메아리쳤다. 전에는 그런 새소리를 들어본 적이 없었다. 새소리의 메아리가 내가 머물고 있는 장소를 매우 멀리 떨어진 곳으로 느끼게 했고 에덴동산처럼 평화로운 곳으로 만들어 주었다. '지금까지 아무도 이곳에 온 적이 없다.' 놀라운 고요! 숲의 향기와 맑은 시냇물과 더불어 침범되지 않은 완벽한 고독이었다. 아무도 주의를 기울이지 않는다고 생각해 보라. 바로 이곳이 내가 바라는 곳이건만 대수롭지 않게 생각한다. 수다스러움과 책, 우리의 신호인 언어와 트랙터와 불협화음을 내는 합창단 같은 것에서는 도저히 맛볼 수 없다. 그 고요의 한순간이 내 영혼에 덕지덕지 앉은 때를 씻어주었다.

머튼은 겟세마니 주위 환경의 아름다움을 보며 에덴동산을 경험한다. 평화, 완벽한 고독, 숲의 달콤한 향기, 맑은 시냇물이 흐르는 가운데 새들의 아름다운 노래를 듣는다. 그는 어떤 책도 아무리 화음이 좋은 성가대의 노래로도 그곳의 분위기를 맛보게 할 수 없음을 깨닫게 된다. 머튼은 숲속에서 시간을 보내고 저녁기도(Vespers)를 위해 수도원으로 돌아오며 심오한 영적 통찰을 경험하게 된다. 그것은 숲속의 고독 속에서 맛본 모든 것과 미사가 분명하게 연결되어 있다는 깨달음이었다.

한 가지 분명히 말해야 할 것이 있다. 숲속에서 특히 다시 돌아오는 길에 탁 트인 언덕을 가로지르면서 고독 속에서 맛본 모든 것과 미사는 지적 관련성이 있다는 사실이다. 그것은 아침에 바치는 봉헌 준비 기능이나 표현으로 느껴진다. 내 경험에서 본다면 예수성심대축일 축제의 핵심으로 생각된다. 미사에서 그리스도와 온전히 하나 되는 이루 말할 수 없을 만큼 명료하게 표현된 것처럼 보인다. 순간적으로 내 눈이 열려 시적 영감보다 더 큰 어떤 것, 매우 깊고 직접적으로 중요한 어떤 것을 보았는지는 잘 모르겠지만 숲속기도는 탁월한 방법으로 드린 사제의 기도이다. 내가 과연 은수사제, 또는 숲속이나 사막, 언덕 위의 사제로서 성반 위에 모든 자연을 담아 새들과 함께 하나님께 찬미드리는 순수한 흠숭의 미사를 봉헌할 수 있을까?[30]

머튼은 계속 이어지는 수도원 삶에서 자연과 더불어 하나님께 예배를 드렸고, 자연은 머튼이 함께 하나님을 찬미하는 동료 찬양대원이 된다.[31] 머튼은 자연과 함께 자연을 통해 하나님을 관상하는 법을 다음과 같이 배웠다고 말한다.

> 수도자로서 들일을 하는 것은 얼마나 필요한가. 때로는 비를 맞으면서 때로는 뙤약볕에서 때로는 진흙 속에서 때로는 강풍 속에서도 들일 할 때 비와 햇볕과 흙과 바람이 우리의 영적 지도자가 되고 수련장이 된다. 우리는 그것들을 통해 관상하는 법을 배운다.[32]

> 비와 햇빛과 흙과 바람, 하늘과 새와 나무, 자연 안에 있는 모든 것이 그의 기도가 되었다.[33]

머튼은 1953년 2월 9일부터 몇 시간 동안은 성 안나의 집에서 숲속의 적막 중에 앉아 켄터키의 파란 하늘을 보며 고독을 가질 수 있도록 허락받았다. 그 집에 대해 다음과 같이 말한다.

> 길게 펼쳐진 언덕, 텅 빈 옥수수밭, 삼나무 위의 갈까마귀, 언덕 주변을 따라 긴 가지를 뻗은 삼나무들이 보인다. 하늘은 넓게 펼쳐져 있고 주위는 평화로 가득 차 있다. … 이곳에선

책이 필요하지 않다. … 세상의 고요와 더불어 성령께서 이곳에 홀로 머무신다. 성 안나의 집은 두 존재 사이의 방어벽 같은 곳이다.[34]

여기서 머튼이 말하는 두 존재 중의 하나는 수도원이며, 다른 하나는 침묵의 광야가 무한히 펼쳐진 곳이다. 어느 면에서 침묵을 갈망하는 머튼의 이상 세계를 말한다. 머튼은 자신이 이제 안나의 집에서 수도원을 사랑의 마음으로 돌아갈 것이나, 그곳으로 돌아가는 것은 황무지로 가는 것과 같다고 말한다. 이것은 이 시기에 머튼이 얼마나 자연 안에서 고독을 추구하는 삶을 강하게 열망하였으며, 자연이 자신의 관상 생활에 결정적으로 중요하다는 인식을 깊게 하고 있다는 것을 보여준다. 머튼은 숲속에서의 시간이 적어도 그것을 지켜주는 방어벽으로 생각했다. 1950년대에 접어들면 머튼이 이렇게 물리적인 숲속에서 시간 갖는 것을 매우 중요하게 여겼다. 그 당시 그의 모든 일기에서 자연이나 기후에 대한 묘사 없이 그냥 지나는 날은 거의 없을 정도였다.

1960년 12월 26일 머튼은 가르멜의 성 마리아 은수자의 집으로 간다. 그곳을 방문한 머튼은 수도원의 자연과 고독을 경험하며 감탄한다.

이곳은 환상적이다. 큰 소나무들, 고요, 어둠이 깔리며 소나무 뒤로 뜬 달과 별, 높은 언덕과 계곡, 모든 것이 더 성숙하고 완전한 고독을 이야기한다. 키 큰 소나무가 서 있다. 애착이 아닌 책임을 요구하는 집이다. 도피가 아닌 봉헌을 위한 침묵이다.[35]

머튼은 마리아 은수자 집에서 깊은 고요와 고독을 느낀다. 그곳의 자연들이 더 성숙하고 완전한 고독으로 초대하며 자유로운 책임과 봉헌으로 나아갈 수 있도록 해줌을 심오하게 경험한다. 이렇게 고독을 불러일으키는 은수처에서 심오한 고독의 경험을 하며 머튼은 어스름 속에서 촛불을 켜며 이렇게 고백한다. " '여기 내 영원한 안식처가 있다.' 이제 방황의 여정이 끝난 느낌이다. 생애 처음으로 내 집을 갖게 된 것 같다. 기다리고 바라던 것이 이루어졌다." 비록 짧게 방문하는 상황이었음에도 머튼은 마치 방황의 여정이 끝나고 영원한 안식처에 온 것과도 같은 경험을 한다.

깊은 인생의 신비를 마주하며 경이로운 마음 가운데 머튼은 자신이 보고 경험하는 광경을 다음과 같이 묘사한다. "창문 사이로 햇살이 비친다. 소나무 가지 사이로 바람이 살랑거린다. 벽난로에 불을 지핀다. 계곡 위로 고요가 흐른다."[36] 이것은 "화재 감시" 끝자락에서 머튼이 경험하여 묘사했던 비이원적인 생태적 관상체험과 매우 비슷하다. 머튼이 느끼는 삶의 신비, 고요의 깊이와 평화로움이 깊게 느껴진다. 무엇보다도 자연을 있는 그대로 순수하게 바라보는 시각, 이러한 머튼의 경험과 시각의 변화에 자연이 얼마나 중요하게 작용하는지를 여실히 보여준다.

숲속에서 심오한 생태적 관상체험을 하며 머튼은 더욱 깊은 고독의 삶을 열망하며 꿈꾸게 된다. 머튼이 1965년 영원한 은수자가 되기 이전에도, 겟세마니 수도원 숲속 은수처에서 밤을 보낼 수 있도록 수도원장이 허락해 주었다. 마침내 머튼은 1964년 10월 13일부터 자신이 원할 때 숲속 은수처에서 밤을 보낼 수 있게 되었다. "비와 코뿔소"는 머튼이 영원한 은수자가 되기 이전, 수도원에서 숲속 은수처로 올라와 밤을 지내며, 그때 주어졌던 생태적 관상의 경험뿐만 아니라 '무상(無償)의 빗소리를 듣지 않고 코뿔소 소리만을 들으며 사는' '코뿔소 증후군 세상'에 대한 자신의 생각을 쓴 작품이다.

2. 비(雨)의 축제

머튼은 "비와 코뿔소"에서 밤에 자연과 함께하기 위해 숲속 은수처로 간다.

어젯밤, 나는 수도원에서 올라왔다. 옥수수밭을 헤집으며 지나와서, 저녁기도(Vespers)를 드리고, 저녁을 위해 콜맨 스토브에 오트밀을 올렸다. 빗소리를 들으며 장작불에 빵 한 조각을 굽는 동안 오트밀이 끓어 넘쳤다. 밤은 매우 어두워졌다.[37]

머튼은 숲속 은수처로 들어와 저녁기도를 바치고 스토브에 오트밀을 올리고 빗소리를 들으며 빵을 굽는다. 어두운 밤 평평한 지붕과 현관을 두드리는 비의 리듬에 귀를 기울이면서 비가 하는 말을 듣는다. 머튼은 비의 무상성과 무의미성을 찬양하며, 쏟아지는 그 모든 말은 팔려는 의도를 갖지 않고 아무도 판단하지 않는 말로써 그 모든 말을 순수하게 듣는 것의 중요성을 말한다.

밤에 숲속에 완전히 홀로 앉아 있는 것은 얼마나 놀라운 일인가! 이 경이롭고, 이해할 수 없고, 완벽하게 순수한 말소리에 감싸여 있다는 것, 세상에서 가장 위안이 되는 연설, 비가 산등성이 곳곳에서 만들어내는 이야기, 골짜기 어디든 흐르는 물줄기의 이야기에 둘러싸여 있다는 것.[38]

머튼은 한밤중 숲속에 홀로 앉아 비의 소리를 듣고 있다. "이 비는 원하는 만큼 말을 할 것이다. 비가 말하는 한 나는 들을 것이다."³⁹ 머튼은 숲속 은수처에서 비의 연설을 들으며, 그 무상의 비가 하는 놀라운 일들을 본다. 비는 누구도 판단하지 않고, 산에 있는 존재들에게 물을 주고 인간이 준 상처를 씻어 내듯이 머튼에게도 생명을 주고 머튼의 마음을 씻어 내린다. 그리고 "완벽하게 순진한 연설, 세상에서 가장 위안이 되는 연설"로 머튼을 위로한다. 머튼은 비가 무상(無償)임을 감사할 줄 모르는 사람들, 가격이 없는 것은 가치도 없다고 생각하는 사람들, 그래서 팔 수 없는 것은 진짜가 아니라고 믿는 사람들이 비를 가치가 없는 것이라고 무시하지만, 자신은 지금 비 안에 있으며, 그 비의 무상성과 무의미성을 경축한다고 말한다.

머튼은 비의 축제를 즐기다 그 속에서 잠을 잘 것이라고 말한다.

이 광야에서 나는 다시 잠자는 법을 배웠다. 여기서 나는 이방인이 아니다. 나는 나무를 알고, 밤을 알고, 비를 안다. 나는 눈을 감으면 내가 한 구성원으로 완전히 비에 젖은 세계 속에 즉시 잠겨 든다. 그러면 세계는 그 속에서 나와 계속 함께한다. 내가 그 세계에 이방인이 아니므로.⁴⁰

머튼이 눈을 감을 때 자신은 비에 완전히 젖은 세계의 한 구성원이며 그 세계 속에 잠겨 비와 함께 할 것이라 고백한다. 그 밤에 머튼은 은수처에서 비의 소리를 들으며 그 속에 잠겨 든다. 비의 세계 속에서 잠을 잔 머튼은 바로 다음 날 오후 또 다른 새로운 축제를 경험한다.

> 비가 그쳤다. 오후의 햇살이 소나무들 사이로 비치는데, 그 나무들의 쓸모없는 솔잎들이 깨끗한 공기 속에서 얼마나 향기롭게 냄새를 내는지! 제철을 넘긴 민들레 한 송이가 지난여름날 부서진 백합들의 잎들 사이에서 꽃을 피웠다. 계곡은 시냇물과 야생의 물이 내는 완전히 유익하지 않은 소리로 울려 퍼진다. 그러면 메추라기들은 젖은 덤불 속에서 달콤한 휘파람을 불기 시작한다. 그들의 소리는 전혀 쓸모가 없고, 그 소리에 내가 느끼는 기쁨도 마찬가지이다. 그런데도 이 소리 외에 내가 듣고 싶은 다른 것은 없다. 다른 소리보다 더 나아서가 아니라 이것이 현재 이 순간, 축제의 소리이기 때문이다.[41]

오후 계곡에서 머튼의 이 축제 경험은, 화재 감시에서 종루에 올라가 모든 피조물과 하나로 완전히 어우러졌던 그 모습과 비이원(非二元)의 관상적 체험이라는 점에 있어 매우 유사해 보인다. "거대한 태양이 떠오르고 사파이어 같은 이슬방울이 풀잎에 맺혀 있다. 날아가는 비둘기의 조용한 날갯짓에 잎새가 흔들린다."[42] 여기 "비와 코뿔소"에서 머튼이 보는 대로 묘사하는 새로운 축제의 경험도, 하나님과 일치하는 가운데 보이는 모든 것을 있는 그대로 바라보며 아는 순수한 인식이라고 여겨진다. 이것은 마치 에덴을 걸으시는 하나님이 사랑의 시선으로 동산을 바라보듯 보는 것과 같다. 자연 세계와의 관계에서 그 어떤 장벽이나 구별을 전혀 느낄 수 없으면서, 그 세계 속에 잠겨 계속 비와 함께하며, 비를 알고, 비의 소리를 듣고, 비가 그친 오후의 자연도 있는 그대로 바라보는, 내적 광활함의 경험을 선명하게 드러내 보여준다. 밤의 빗소리를 들으며 일깨워진 영혼의 순수지점에서 내적 광활함이 경험되는 머튼은 비의 축제를 누린다. 비가 그치고 머튼이 누리는 자연과의 축제가 다 끝난 것 같은데, 여전히 머튼의 마음은 축제 가운데 있다. 비가 그친 다음 날 오후 머튼은 쓸모없는 솔잎과 전혀 유익하지 않은 물소리 외에는 어떤 것도 듣고 싶지 않은 순수한 열망으로 새로운 축제를 경험하고 있으며 그러한 순수시간이 머튼에게 계속되고 있다.

앞서 "비와 코뿔소"에 나타난 머튼의 생태적 관상의 체험을 살펴보았는데, 이제 머튼이 구체적으로 숲속 은수처에서 어떤 관상적 기도를 하였는지를 살펴보고자 한다. 머튼이 한 것은 저녁기도를 바치고 계속 비의 소리를 듣는 것이었다. 비는 무상이기에 가격을 가치와 동일하게 여기는 현대 도시 시장에서는 아무 가치가 없는 것이다. 비는 자연을 상징하는데 머튼은 무상의 비, 자연의 빗소리를 듣는 경청을 실천하고 있다.

이것은 수도자 머튼에게 매우 의미 있는 영적 실천이면서 오늘 생태적 관상 체험을 바라는 우리에게도 매우 의미 있는 영적 실천이라 할 수 있다. 머튼이 이날 비의 소리를 듣는 것 외에 다른 무엇을 했다는 다른 기록은 없다. 그런데 이 시기의 다른 날 일기(1964년 12월 9일)에서 머튼은 은수처에 올라와 머무는 시간에 무엇을 하고 어떤 마음이 드는지에 대해 상세히 말하는 정보가 있다. 수도원에서 밤기도를 마치고 잠을 자러 은수처로 와서 침대에 누워 "나는 행복하다." 행복이라는 단어를 중얼거린 것이다. 행복은 '그것'이나 '대상'이 아닌 존재 자체로 거기에 있었고 단순히 거기 있었는데 머튼은 그것이 바로 "나"였다고 고백한다. 머튼이 비의 소리를 들으면서도 그와 비슷한 경험을 했을 것이다. 비의 소리와 함께 그때 주어지는 마음을 느끼며 거기에 비와 함께 있었다. 이것은 머튼을 회복시키는 '밤의 정기와 여명의 기운, 침묵, 수동성, 휴식' 가운데 머튼이 있었다고 말할 수 있다.

머튼이 "비와 코뿔소"를 쓸 때 그는 이미 수도원 생활을

20년 넘게 해 왔다. 그는 수도원 생활에 익숙하고, 수도자로서 수도원의 기본 일과를 따라 신실하게 수련의 삶을 살아왔다. 그는 1965년 겟세마니 수도원에서 은수자가 되어 그 이후 죽을 때까지 그곳 은수처에서 은수자로 살아가면서도 하루 일과를 수도원 생활과 비슷하게 만들어서 수도원의 기본 루틴을 따르는 은수생활을 했다. 공동체로 살아가던, 홀로 은수생활을 해나가던, 머튼의 기본적인 루틴에는 큰 변화가 없었다.

그럼에도 불구하고 머튼의 관상생활은 커다란 변화를 보여주고 있다. 머튼은 1947년 겟세마니에 있는 트라피스트 수도원에서 수도자로서 종신서원을 하고, 1965년 은수자가 되고 실제로 이듬해 1966년 가을에는 겟세마니 수도원에서 은수자로서 종신서원까지 했다. 그렇게까지 하였음에도 불구하고 머튼은 여전히 뉴멕시코와 알래스카, 그리고 아시아를 방문하며 여전히 자신이 머무를 집을 찾고 있다. 왜 그런가? 머튼은 1968년 9월 13일 뉴멕시코 사막의 크라이스트 수도원을 방문하며 이렇게 쓴다.

나는 고향에 가는 것이 아니다. 여행 목적이 있다면 진정으로 집을 잃은 사람이 되는 것이다. 고요하다. 흐르는 강물은 아름답고 치솟은 절벽은 장엄하다. 오후에는 청색 구름이 흘러간다. 사방은 적막하기 그지없다![43]

머튼은 집을 찾으면서 동시에 집을 잃는 사람이 되고자 한다고 말하고 있다. 머튼에게 집을 잃는다는 것은 하나님 안에서 나를 잃는 것이요, 자유로워짐이며, 자신이 머무는 그곳의 자연과 온전히 하나가 되는 삶을 뜻하기도 한다. 하나님을 찾고 자기다움을 찾는다는 것이 머튼에게는 결코 자연과 어우러지는 것과 무관하게 이루어지지 않음을 보여준다.

머튼은 『칠층산』 일본어판 서문을 쓰면서 자신에게 수도원이 집(home)이지만, 그곳은 자신이 이 땅에서 견고하게 뿌리내리는 곳도 아니며, 자신이 세워지는 곳도 아님을 밝힌다. 머튼에게 수도원은 자신이 모든 곳에 있기 위해서 사라지는 곳, 숨어 있음과 긍휼로써 이 세상 속 모든 곳에 존재하기 위해, 관심의 대상으로서의 세상으로부터 사라져 버리는 곳이다. 즉 모든 곳에 존재하기 위해서 아무것도 아닌 자(No-one)가 되어 가는 곳, 그러한 변화가 일어나는 곳이 집 혹은 수도원이라고 머튼은 말한다.[44] 그러므로 수도원은 단순한 도피처가 아니며, 오히려 머튼은 수도자로서 수도원에 있기에 세상의 모든 투쟁과 고통 속에서 자기 몫을 담당하는 존재가 된다고 주장한다.[45] 동일한 맥락에서 머튼은 아시아 여행 중 관상생활에 대해 다음과 같이 말한다.

관상생활은 가능성이 표면화되며 통상적인 선택이 아닌 새로운 선택들이 나타나는 영역, 곧 자유와 침묵의 공간을 마련해야 한다. 그것은 임시변통이나 단순한 침묵이 아닌 새로운 시간의 경험 곧 순수시간(temps vierge)을 창조해야 한다. 그것은 채워져야 하는 공백이나 정복되거나 침해되는 미지의 공간이 아닌 그 자체의 잠재력과 희망을 즐길 수 있는 공간이어야 한다. 하지만 자신의 자아나 그 요구에 지배되지 않아야 하며 그리하여 다른 사람들에게 열려 있는 모두가 빠져 있는 환상과 그것의 비판에 근거한 동정의 시간이어야 한다.[46]

여기서 머튼은 관상생활을 이야기하며 새로운 시간의 경험으로 순수시간(temps vierge)이라는 단어를 쓰고 있다. 이것은 『통회하는 한 방관자의 생각』에서 머튼이 말하는 '순수지점(le point vierge)'과 밀접하게 연결된다. 이를 통해 머튼이 수도원에서의 삶과 수련으로 이루고자 하는 것이 무엇인지 명확히 알 수 있다. 머튼은 '순수지점'에서 완전히 비워진 자기 자신으로 깨어나는 것, 그 속에서 진정한 자유를 찾고, 하나님을 만나며 세상을 향해 철저히 개방된 삶을 살아가는 것이다. 이것이 관상생활을 하는 머튼의 중심 관심이다. 수도자로서 수도원 일과를 따라 영적 실천을 하던, 비의 소리를 들으며 비 가운데 머물러 있든, 무엇을 하든지 그것을 실천하는 머튼의 마음이 어디에 있는지를 충분히 가늠해 볼 수 있다.

머튼은 수도원에서 관상적 삶을 한평생 지향한다. 그는 침묵을 더욱 중요하게 여기며, 자연은 관상생활의 중요한 축으로, 그리고 세상을 포용하는 영성으로 나아간다. 이러한 흐름 가운데 "화재 감시"는 전통적인 '수도원 수련의 결정체로 태어난 생태적 관상체험'이다. 밤에 깨어 만물의 소리를 들으며 순찰하는 가운데 그날 하루 및 자신의 수도원 삶 전체를 수도원 역사와 함께 성찰한다. 그 과정은 머튼에게 심오한 내적변화를 일으키며, 자신을 있는 그대로 모습으로 하나님 앞에 세운다. 그는 하나님의 현존을 체험하며, 하나님 안에 있는 자연, 그리고 이 모든 것이 함께 어우러지는 비이원론적 일치를 맛본다. 머튼은 삼위일체 하나님의 춤사위에 참여하며, 하나님과 만물과 자신이 분리될 수 없는 일체임을 깨닫는다.

반면 "비와 코뿔소"는 머튼이 수도원을 떠나 숲에서 시간을 보내며 가진 체험이다. 머튼은 밤에 빗소리를 들으며 비를 알고, 비의 세상을 알고, 그것들 안에 현존하신 하나님을, 말을 넘어 만나고 있다. 이제 머튼은 하나님과 사랑의 연대를 이루고 세상과 피조물 안에서 약동하며 자라나는 희망을 보며 노래한다.

머튼의 두 생태적 관상체험은 머튼이 수도자로서 그가 평범한 일상 안에서 경험한 것이다. 어느 특별한 날, 특별하게 경험한 체험이 아니다. 머튼은 자신의 일상에서 이와 유사한 경험을 계속했다. 이것은 루이빌 체험이나 폴로나루와 체험 같은 특별한 경험이 아니다. 그럼에도 불구하고 이 체험은 머튼의 의식을 근본적으로 바꾸어 세상 안에 계신 하나님을 경험하고, 그분 안에 있는 피조물을 있는 그대로 긍휼의 시선으로 바라보게 하는 영적 깨달음으로 이끌었다.

3. 코뿔소의 습격

"화재 감시"와 "비와 코뿔소"의 차이는 수련의 방법론에서도 그 차이를 보이지만, 피조물뿐만 아니라 세상에 대한 머튼의 인식에서도 차이가 크다. "화재 감시"는 수도원 화재 감시라는 수도자로서 일상의 루틴을 살며 실천하는 것이지만, 근본적으로 하강을 통해 상승하는 영적 여정의 모티브를 내포하고 있다. 요나의 하강 체험이나 예수 그리스도의 수난과 죽음처럼, 내면의 하강을 통해 위로 올라가 하나님을 만나고자 하는, 분명한 목적을 가진 내적 여행이라 할 수 있다.

반면에 "비와 코뿔소"에서 머튼이 하는 수련은 하나님 안에서 기도의 분위기 가운데 이루어지지만, 무상의 비의 소리를 듣고 그 속에 잠기는 것, 그것이 전부이다. 머튼은 비의 말소리에 둘러싸여, 밤의 정기와 비의 연설이 자신을 북돋아 줌을 경험하며, 무상의 비의 소리 대신 기계 문명의 소리만을 들으려 하는 현대인들을 비의 소리를 들을 수 있는 존재로의 변화로 초대한다.

비의 세계에 잠겨 있는 가운데 머튼은 매일 새벽 3시 반이면 어김없이 들려오는 다른 소리를 듣게 된다.

물론 새벽 3시 30분이면 SAC(전략공군사령부) 비행기가 구름 아래에서 붉은 불빛을 낮게 깜빡이며 계곡 남쪽의 숲이 우거진 정상을 훑으며 강력한 약을 싣고 날아간다. 아주 강력하다.[47]

밤 중에 숲과 비의 소리 가운데 있던 머튼은 머리 위를 나는 전략 공군사령부 군용기 소리를 듣고, 그것을 비의 연설, 밤의 소리, 그리고 6세기의 은수자 필록세노스의 목소리와 대조한다. 머튼이 듣고 있던 비의 소리와 대조가 되는 SAC 군용기의 소음과 포트 녹스(Fort Knox)에서 들려오는 대포 소리는 그 당시 그의 일기에 반복해서 등장한다.

계속해서 포트 녹스에서 쿵쿵하는 대포 소리가 났다. 그것은 어젯밤 잘 때 시작되었다. 커다란 쿵 하는 소리가 났는데, 기관포는 아니고 미사일 소리 같았다. 이제는 속사포 같은 소리가 들린다(예: 1964년 12월 8일 일기, 1965년 1월 6일, 1월 8일, 1월 9일 일기).

머튼은 자신에게 들려온 또 다른 소리를 '코뿔소의 소리'로 표현하며, 자신이 듣고 있던 비의 소리와 코뿔소의 소리가 상징하는 것을 설명한다. 그러면서 코뿔소 사회에 대한 예언적인 사색과 비판을 이어간다. 깊은 밤 숲속에서 고독 가운데 머튼이 듣고 있는 비의 연설은, 도시로 대변되는 현대 기술 문명이 하는 말, 즉 당시의 대중 정신(the herd mentality)을 나타내는 코뿔소의 언어와 전혀 다르다. 코뿔소는 시간이 없고 필요성에 갇혀 대중 정신을 따라 급하게 살아가는 현대적 인간을 가리킨다. 또한, 머튼은 그러한 대중 정신이 반영된 그들의 언어와 소리로 가득한 곳이 현대 도시라고 주장한다. 도시는 모든 것에 유용성의 관점에서 존재 이유를 부여하고, 가짜 정체성, 취약한 껍데기를 이름표로 달아준다. 머튼은 이 모든 것을 신화라고 주장하며, 도시 사람들이 진정한 존재로 깨어나는 대신 완고하고 조작된 꿈을 선호하여 '바깥'에 '세계를 거스르는 다른 세상'을 건설했다고 지적한다. 그 세상은 기계적 허구로 이루어진 세계이며, 자연을 멸시하고 그것을 단지 소모할 대상으로만 여기는 세상이다. 그렇게 함으로써 자연이 스스로 새롭게 하고 인간을 새롭게 하는 것을 방해한다고 머튼은 주장한다.[48]

머튼은 무상의 비의 축제가 어느 곳에나 심지어 도시에서도 결코 중단될 수 없다고 말한다. 머튼은 비가 내린 도시의 거리 곳곳이 아름답게 빛나고 있고, 물웅덩이에 하늘이 비쳐 그곳에서도 사람들이 하늘을 달리고 있는 것과 같다고 한다. 머튼은 숲속뿐만 아니라 도시를 포함하여 어디에나 낙원이 있음을 강조한다. 그러나 사람들은 머튼이 자연의 소리를 더 강조하고 도시보다 숲속에서 살아야 한다고 말하는 것처럼 오해할 수 있다. 머튼의 진짜 관심은 물리적 장소로서의 도시와 자연을 예리하게 구분하는 것보다 어떤 소리, 누구의 소리에 귀를 기울이며 살아가느냐에 있다.

이런 맥락에서 머튼은 소로우(Henry David Thoreau)의 『월든』을 언급한다. 소로우는 자신의 오두막에 앉아 당시 기계 문명의 상징인 철도를 비판했고, 머튼도 자신의 은수처에서 세상이 정말로 '진보'했는지를 질문한다. 그는 외적인 진보가 정말 우리를 발전시킨 것인지, 물리적인 단절로서의 홀로 있음, 혹은 자연으로 물러남이 저절로 진정한 고독이 되는가를 묻는다. 머튼은 소로우가 자신이 벗어날 수 있다고 생각한 것의 일부였다는 사실을 진실로 알았는지 질문한다. 결국, 머튼은 오늘날 기술 문명이 우리 사회에 가져다주는 문제를 해결하는 방책이 그것으로부터 탈출, 분리 또는 항의와 시위에 있는 것이 아님을 지적한다.

머튼은 일종의 기술 문명인 랜턴 아래에서 6세기 시리아의 은수자 필록세노스(Philooxenus of Mabbug, 440-523)의 글을 읽으며 필록세노스야말로 비와 밤의 축제와 잘 어울리는 인물이라고 말한다. 랜턴의 불빛 아래에서도 머튼은 자신이 보아야 할 것을 보고, 들어야 할 소리를 들으며 기쁨을 만끽하고 있다고 말한다. 콜맨 랜턴은 도시의 허구로 조작된 '존재의 이유'를 부여받아 빛을 내고 있는데, 포장 상자에 인쇄된 콜맨의 철학에 의하면 그 빛이 하루를 늘려 재미있는 시간을 선사한다고 선전한다. 반면 머튼은 아무런 특별한 이유 없이 그저 '있는 것, 존재하는 것'에 대해 이야기한다. 조작된 존재 이유에 기대지 않고 사는 사람들이 없었다면, 오히려 이 세상은 이미 끝났을 것이라고 주장한다. 머튼은 자신도 그런 사람이며, 따라서 자신은 무엇에 의해 주어지는 "즐거운 시간을 보내고(having fun)" 있지 않다고 말한다. 그 어떤 것도 소유하지 않으며 무엇에 의해 "하루하루를 더 늘리고 있는" 것도 아니며 다만 깊은 밤 홀로 비의 소리를 들으며 숲속에 앉아 있는 것은 어떤 특별한 이유가 없고, 그저 고요히 깨어 존재하는 것이라고 말한다.[49]

여기서 머튼은 자연을 바라보는 자신의 관상적인 시각을 보여준다. 중요한 것은 자연, 비, 나무, 바위를 어떻게 바라보느냐의 시각이다. 머튼의 비이원적 시각은 하나님의 긍휼을 깊이 경험하는 과정에서 형성된 관점으로 머튼이 비이원적인 의식으로 세상을 바라볼 때 세상이 전혀 다른 방식으로 보인다는 것을 의미한다. 이것이 우리가 머튼의 생태적 영성을 말할 수 있는 한 부분이다. 머튼은 하나님과의 일치 속에서 비이원적인 관점으로 긍휼의 마음을 가지고 세상을 바라보게 된다. 그는 피상적으로 사람과 세상을 바라보는 것이 아니라 하나님과 하나 된 마음으로 세상을 바라보는 시각을 갖게 된 것이다. 이러한 변화는 대상을 향한 관찰이 아니라 하나님과 깊은 사랑의 일치를 철저하게 경험하면서 세상을 새롭게 인식하는 과정, 내가 바라보는 대상이 뭔가를 새롭게 보게 되는 것, 그것이 머튼에게서 볼 수 있는 생태적 관상체험의 핵심일 것이다.

머튼은 또한 현대인의 삶 속에서 생태적인 삶을 위해 고독의 중요성을 강조한다. 그는 관상적인 삶을 위해 필록세노스야말로 기계적 장치로 측정하거나 인위적으로 늘릴 수 없는 진정 즐거운 삶을 살았던 사람이라 말하며 그가 말한 '고독'에 대해 생각한다. 필록세노스는 혼자가 아닌 사람은 자신의 정체성을 발견하지 못한 사람이라 말한다. 그렇게 고독이 없는 사람은 개별적 존재(individual)로서 자기 자신을 경험하기 때문에 혼자(alone) 있는 것처럼 보일 수 있지만, 집단적 존재의 법칙과 환상 속으로 자발적으로 들어가 쉽게 구속받을 수 있으므로 진정한

정체성이 없는 상태라는 것이다.50

이런 맥락에서 진정한 정체성을 갖는다는 것은 깨어난다는 것이며, 깨어나려면 자신의 취약성과 죽음을 받아들여야 한다고 머튼은 주장한다. 이런 취약한 껍데기의 비현실성을 직면하고 내면의 자아를 발견하는 자리가 바로 '고독의 자리'이다. 머튼은 혼자 있지 못하는 사람 즉, 자신의 정체성을 발견하지 못한 사람을 '집단적 법칙과 환상'이라는 '자궁 속에 있는 태아'로 비유한다.

> 필록세노스는 "태아는 이미 완벽하고 모든 감각과 사지가 본성적으로 완전하게 이루어져 있다. 그러나 그것들을 본래의 기능대로 사용할 수는 없다. 왜냐하면 자궁 안에서는 그러한 사용을 위해 이를 강화하거나 발달시킬 수 없기 때문이다"라고 말한다.51

반면, 머튼은 성숙한 정체성을 가진 사람 즉, 영적으로 '태어난' 사람은 신화와 편견이라는 자궁에서 해방되어 결국 허무하게 끝나버리는 거짓 약속과 실제적 기만의 변증법적 과정에 끌려다니는 포로가 아니라고 말하며 이러한 해방에 이르는 길로, 활동적인 삶과 관상적인 삶, 두 가지 형태를 취할 수 있다고 주장한다. 그러면서 관상적 삶은 시간과 물질, 사회적 책임과 감각적 삶으로부터 도피하거나 회피하는 것으로 이해되어서는 안 되며, 오히려 고독과 광야로 나아가는 것이자 빈곤과 공허를 직면하는 것으로 설명한다. 이것은 경험적 자아를 포기하는 것이며, 죽음과 무의 존재 앞에서 "아무것도 아닌 존재"가 되는 것에 대한 두려움으로부터 비롯된 무지와 오류(error)를 극복하기 위한 것이다. 과감히 이렇게 홀로 있고자 하는 사람은 집단적 정신이 두려워하고 비난하는 "공허"와 "쓸모없음"이, 진리를 만나는 데 필수적인 조건임을 깨달아야 한다고 강조한다.

> 관상적 삶은 시간과 물질, 사회적 책임과 감각적 삶으로부터 도피하거나 회피하는 것으로 이해되어서는 안 되며 오히려 고독과 광야로 나아가는 것이며 빈곤과 공허를 직면하는 것이다. 또한 경험적 자아를 포기하는 것이며, 죽음과 무의 존재 앞에서 "아무것도 아닌 존재"가 되는 것에 대한 두려움으로부터 비롯된 무지와 오류를 극복하기 위한 것으로 이해되어야 한다.[52]

머튼은 고독과 관상적인 삶이 도시냐, 자연이냐의 물리적 공간으로부터의 분리, 탈출에 대한 것이 아니라 우리 내면의 문제이기 때문에 그에 대한 통찰은 신학자들의 글이 아니라 이오네스코의 '코뿔소'와 같은 부조리극에서 더 잘 발견된다고 말한다. 이오네스코에 의하면 코뿔소병은 "고독의 감각과 맛을 잃어버린 이들", 또는 "밤의 정기와 여명의 기운을 더 이상 받지 못하는 이들"을 숨어서 기다리고 있는 질병이다. 머튼은 수도자로서 자신의 삶을 코뿔소병과 같은 당시의 대중 정신(the herd mentality)에 저항하여 사는 삶으로 그린다. 그는 고독 속에서 자연 관상을 통해 '쓸모없음'과 '아무것도 아닌 존재'가 되고 '취약성'을 직면하는 것의 가치를 상기시키며, 소망을 가지고 코뿔소병의 치유제인 고독의 자리로 사람들을 초대한다.

> 우리는 여전히 환상의 짐을 짊어지고 있고 혼자가 되는 것, 우리 자신이 되는 것을 두려워하지만 이오네스코는 대중의 정신에 대항하여 '보편적인 양심을 지지한 고립된 양심'을 위한 자리는 항상 존재한다고 말한다. 그들의 자리는 고독이다. 그들에게 다른 것은 없다. 따라서 도시에서든, 사막에서든 인류에게 성숙, 자유, 평화를 위한 진정한 능력을 일깨워 주는 헤아릴 수 없는 은혜를 베푸는 것은 바로 고독한 사람이다.[53]

나가는 말

"화재 감시"와 "비와 코뿔소"에 나타나는 토머스 머튼의 관상적 기도와 생태적 체험을 살펴보았다. 머튼의 글에 나타난 생태적 관상체험의 중요한 특징은 하나님과 만물과 머튼이 맺는 비이원론적 일치이다. 머튼의 생태적 체험은 하나님의 현존에 대한 비이원적인 깨달음과 함께 무한한 긍휼에 뿌리를 두고 있다. 그는 이러한 경험을 반복하면서 하나님과 일치된 의식, 즉 비이원적인 의식 속에서 존재와 의식 자체가 변화되는 경험을 한다. 그래서 세상을 바라볼 때 자신이 원하는 대로 이용하거나, 자기에게 맞도록 인위적으로 바꾸는 관점이 아니라 생태적이고 자연적인 관점에서 세상을 있는 그대로 긍휼의 시각으로 바라보고 있다.

머튼은 오늘 우리가 잠에서 깨어나기를 요청한다. 우리의 문화와 세상, 현실이 '밤의 정기와 여명의 기운'의 은혜로운 역사에 눈뜨기를 요청한다. 머튼은 우리를 고독으로 초대하며, 그 가운데 머물러 밤의 정기와 여명의 기운, 생명의 말씀으로 깨어나 다른 이들의 고통에 연민을 느끼고 자연의 신음소리에 책임감을 가진 존재로 서 있길 요청한다. 또한 수도자로서 자신을 코뿔소 사회에 저항하는 삶으로 이해하듯, 그는 우리가 갖는 망상이나 집착에서 벗어나 하나님 안에 있는 모든 사람과 피조세계의 고독과 가난 속에 머무는 삶으로 초대한다. 머튼에게 그 길은 존재의 바탕에서 이끄시는 하나님 안에 머무는 길이며, 사람과 만물이 맺는 관계의 기초이다. 머튼을 돌이켜볼 때, 영적 여정은 하나님과 만물과 사람이 맺는 친교라 할 수 있다.

관상적 기도와 생태적 삶이 분리될 수 없음을 보여주는 머튼, 그는 모든 것 안에서 만물을 새롭게 하시는 하나님을 바라본다. 기후절망의 시대를 살아가는 오늘 희망은 오직 하나님에게 있음을 강조하는데, 머튼은 살아있는 씨앗 안에서 세상을 새롭게 하는 그 하나님의 살아있는 역사를 본다. 그것은 비록 한계적일지라도 지금 여기에서 생생하게 경험하는 것이 머튼의 생태적인 관상체험이며, 관상을 체험하는 머튼의 의식은 끊임없이 최종적인 완성을 향하여 종말론적 소망을 안고 만물을 새롭게 하는 하나님의 구체적인 역사에 참여하는 데 있다.

> 희망이 있고, 우리와 의논하지 않고 하나님께서 명령하신 대로 그 자체를 새롭게 하는 세상이 있다. 그래서 시인은 … 살아 있는 씨앗 안에서 그 자체를 새롭게 하고 있는 세상만을 본다.[54]

■ 참고 문헌

마틴 레어드. 『기도 수업: 침묵, 알아차림, 그리고 관상』. 서울: 타임교육, 2019.

신시아 부조. 『마음의 길』. 서울: 한국기독교연구소, 2017.

토머스 머튼. 『통회하는 한 방관자의 생각: 토머스 머튼의 단상』. 서울: 바오로딸, 2013.

토머스 머튼. 『요나의 표징: 토머스 머튼의 영적 일기』. 서울: 바오로딸, 2009.

토머스 머튼. 『토머스 머튼의 시간』. 패트릭 하트 & 조나단 몬탈도 엮음, 류해욱 번역. 서울: 바오로딸, 2022.

Merton, Thomas. *Writings on Nature: When the Tree Says Nothing*. Ed by Kathreen Deignan, Notre Dame, IN: Sorin Books.

Merton, Thomas. *New Seeds of Contemplation*. New York: New Directions, 1961.

Merton, Thomas. *Day of a Stranger*. Ed. with Introduction by Robert E. Daggy. Salt Lake City, UT: Gibbs M. Smith/ A Peregrine Smith, 1981.

Merton, Thomas. *Turning Toward the World: The Pivotal Year*. Ed Victor A. Kramer. San Francisco: Harper Collins, 1996.

Merton, Thomas. *Raids on the Unspeakable*. London: Burns & Oates, 1977.

Merton, Thomas. *Honorable Reader: Reflections on My Work*. New York: Crossroad, 1991.

Merton, Thomas. *The Asian Journal of Thomas Merton*. New York: New Directions, 1973.

Shannon, William. *Silence on Fire: The Prayer of Awareness*. New York: Crossroad, 1991.

CHAPTER 2

거룩한 책
창조세계

최광선

정신을 위해 경이를,
상상을 위해 아름다움을,
정서를 위해 친밀함과
접촉하는 외부 세계의 체험 없이는
우리의 내적 영적 세계가
활성화될 수 없다.[1]

나는 나무를 좋아합니다. 한때 머물던 연구실 창문 너머에 서 있는 느티나무는 좋은 벗이며 스승이 되었습니다. 꽃이 피는 봄날에도 바람이 많이 부는 여름날에도 낙엽의 색깔을 바꾸는 가을에도 그리고 모든 것을 떨구는 겨울에도 그 나무는 그 자리에 그대로 서 있었습니다. 이를 보며 삶에서 탈출하고 싶은 욕망을 잠재우고는 하였습니다. 어느 해 겨울 리트릿을 길게 가졌습니다. 한 시간도 앉아 있기 힘들어하는 나에게 겨울 숲의 나무들은 기도의 본을 보여준 수도승들 같았습니다. 땅에 깊숙이 뿌리를 내리고, 하늘을 향해 두 팔을 벌리고 서 있는 모습은 기도 그 자체라 생각되었습니다.

    중남미의 원주민이 들려주었다는 나무에 관한 말이 와닿았습니다. "아주 이른 새벽 소나무 아래에 고요히 앉아 있으면 소나무가 신께 들려 드리는 노래를 들을 수 있을 것입니다." 나무가 하나님께 들려 드리는 노래를 듣고 싶습니다. 원주민 이야기와 같은 구절이 시편 148편에 나옵니다. 시인은 온 만물과 사람들을 찬양대원으로 세우며, "산들과 모든 언덕 과일나무와 모든 향백나무야! 주님을 찬양하라"라고 외칩니다. 시인은 우주 안의 모든 존재가 주님을 향한 찬양의 함성을 들었기에, 존재하는 모든 것을 향해 하나님을 찬양하라고 했을 것입니다. 위 시편과 다니엘서에 나오는 세 친구의 노래에서 영감을 받은 성 프란체스코는 그 유명한 "피조물의 노래"를 작시하였고, 그 노래는 지금도 "온 천하 만물 우러러"라는 찬송가로 불리고 있습니다.

    오늘날 인류가 직면하고 있는 생태위기의 뿌리에는 나무와 피조물들이 드리는 찬양을 듣지 못함에 있습니다. 나무가 부르는 노래를 듣지 못하기에 나무가 지니는 고귀함, 성스러움, 상징의 의미를 잃어버렸습니다. 그리스도교 신앙은 나무와 깊은 관련이 있습니다. 시편에 찬양하는 나무 외에도 에덴동산의 나무, 선지서에 나오는 생명나무, 예수의 십자가, 삭개오가 올라간 돌

감람나무, 계시록에 나오는 생명나무 등이 있습니다. 그러나 우리는 성경을 읽는 동안에도 나무를 바라보는 눈을 잃어버렸고, 나무가 들려주는 노래를 듣지 못하는 귀머거리가 되어 버렸습니다. 무엇이 잘못된 것일까요? 어떻게 하면 나무가 들려주는 찬양을 들을 수 있을까요? 나무가 들려주는 노래를 들을 수 있는 영성훈련이 가능할까요?

Ⅰ. 생태위기와 영성

생태적 영성훈련이 필요하다는 것을 인식하기 위해서 우리가 처한 현실에 눈뜰 필요가 있습니다. 현재 지구공동체가 직면한 생태위기의 크기와 범주는 얼마나 될까요? 생명의 대량멸종, 지구온난화, 기후이변, 사막화, 가뭄, 질병의 창궐 등 생태위기를 고발하는 뉴스와 자료들은 수없이 많습니다. 생태위기의 크기와 범주를 가장 잘 표현해 주는 것은 현재를 지질학적 전환의 시기로 읽어내는 것입니다. 생태적 감수성을 불러일으키기 위해 오랫동안 노력했던 생태사상가 토마스 베리(T. Berry)는 현시대를 생명의 풍요가 넘치는 신생대가 종말을 고하고 새로운 생태대가 시작되었다고 말합니다. 그는 시대가 변혁하는 징표로 생명의 대량멸종 현상을 제시하였습니다.[2] 풀 크루젠(P. Crutzen)

과 같은 과학자는 지구환경이 충적세를 끝내고 인류세(anthropocene)라는 새로운 지질학적 시대로 진입하였다는 증거를 제시합니다.[3]

베리와 과학자들은 현시대를 지질학적 변혁의 시대로 읽어냄으로써 오늘날 우리가 직면한 생태위기의 크기와 범주를 설명하고 있습니다. 이는 생태계 위기가 단순히 문화적인 위기, 인류가 겪는 위기를 넘어 전 지구공동체가 직면한 위기이며, 또한 새 시대를 향한 기회라는 것을 단적으로 보여줍니다. 동시에 이러한 위기는 생존 가능한 인류의 미래와 지속 가능한 지구공동체의 생명체계를 위해 우리에게 요구되는 변화의 깊이를 생각하게 합니다.

생태위기는 다면적이고 복잡하기에 이 문제의 극복과 해결을 위해 다양한 관점에서 접근이 이뤄지고 있습니다. 생태위기와 관련된 논쟁 중 그리스도교의 책임을 묻기 시작한 것은 1960년대 중반 화이트(L. White)의 "생태위기의 역사적 뿌리들"이라는 논문이 발표된 시점이었습니다.[4] 이 논문에서 화이트는 생태위기의 주범으로 그리스도교를 지목하였고 특별히 인간중심적 성서 해석에 그 근원이 있다고 하였습니다. 화이트의 주장에 대한 다양한 반론과 응답은 생태신학의 여러 흐름으로 나타났습니다. 베리와 같은 이들의 노력으로 신학자들과 활동가들은 생태위기가 영적 위기와 아주 밀접한 관계를 맺고 있다는 사실에 관심을 기울이기 시작했지만, 생태위기 극복을 위한 영성적 접근은 크게 진척되지 못했습니다.

베리와 류터(R. Reuther) 같은 학자들은 그리스도교 영성이 드러낸 초월성을 비판하였고, 킹(U. King)과 맥다니엘(J. McDaniel) 등은 전통적인 영성의 남성중심적 가부장제와 위계적인 이원론적 태도를 비판하였습니다.[5] 생태위기의 책임을 전적으로 그리스도교 영성에게 물을 수는 없겠으나, 그리스도교 영성 안에 뿌리 깊게 자리 잡고 있는 인간중심주의, 초월주의, 사실에 대한 무지와 눈먼 진보에 대한 지지를 보낸 것 등은 생태위기의 책임이 그리스도교 영성과 관련이 있음을 보여줍니다. 만약 그리스도교 영성이 생태위기에 미친 영향을 부정한다면 그것은 그리스도교 영성이 현실 안에서 무능했거나 부재했음을 뜻한다는 지적이 옳습니다.[6]

또한 생태위기를 영성의 위기라 할 수 있는 것은 성스러움에 대한 경험과 관련이 있습니다.[7] 맥키벤(B. McKibben)은 창조세계에서 발견되며 경험되어지는 성스러움에 대한 지각을 잃어버리는 것이 생태위기의 주범이라 지적했습니다.[8] 정교회 총대

주교인 바톨로메오(Bartholomew)는 "생명종이 멸종되게 하는 것, 하나님 창조세계의 생물학적 다양성을 파괴하는 것, 기후변화, 조류의 역행, 그리고 땅 공기 생명을 독극물로 채우는 것, 그것은 [생태적] 죄"[9]라 선언함으로써 생태적 회심을 촉구하였습니다. 그렇기에 생태위기에 직면한 우리에게 필요한 것은 생태적 회심과 창조세계 안에서 성스러움을 재발견하는 데 도움을 주는 영성입니다.

생태영성은 인간을 실존적으로 변화시키는 데 도움을 주며, 인간과 창조세계가 맺는 새로운 관계에 관심을 기울이게 합니다. 홀(F. Hull)은 "영적 범주에서 [생태위기를 이해할 때] 이것은 위기의 본질을 이해할 수 있는 깊이를 제공하고, 파괴적인 패턴에 저항하게 하며, 생태위기 극복을 위해 헌신하고 참여하는 힘을 부여할 것이며, 새롭게 지속가능한 문화를 잉태케 하는 희망적 정신을 제공할 것"이라 말합니다.[10] 홀의 견해에 따르면 문제의 본질을 성찰하고 대면하며 이를 극복하기 위한 힘은 영성을 통해 제공받습니다. 이러한 연유로 인해 "생태위기의 영성적 범주를 이해하는 것은 매우 시급하고 중대한 문제"라는 지적은 옳습니다.[11]

생태위기는 생명의 위기며 영성의 위기입니다. 창조세계와 사람이 친밀한 관계를 맺어야 하는 것에 대해, 베리는 "모든 과제 가운데 가장 절박하고 명백히 종교적이며 영적인 과제일 것이다. 오직 종교만이 인간의 의식을 요청하는 깊이까지 변화시킬 수 있고, 오랜 기간에 걸쳐 요청되는 노력을 지속할 수 있다. 오직 종교만이 우리가 관심을 갖고 있는 것의 중대성을 헤아릴 수 있다"라고 말합니다.[12] 홀과 베리는 생태위기를 극복하고 창조세계와 친밀감을 형성하는 것이 우리 시대 영성의 최우선 과제라 여깁니다. 오직 영성만이 현재 직면한 위기의 깊이를 들여다볼 힘을 제공하고 또한 인간의 의식을 근본적으로 변혁시키는 힘을 제공할 수 있기 때문입니다.

세상과 자신을 변화시키는 힘은 머리에서 나오는 것이 아니라 가슴에서 치솟아 올라와야 합니다. 이를 위해 영성훈련이 필요합니다. 진리를 머리가 아닌 가슴으로 살아가도록 돕는 것이 영성훈련이기 때문입니다. 나는 창조세계가 거룩한 책이라는 전통에 서서 렉시오 디비나(*lectio divina*) 훈련을 제안합니다. 이러한 영성훈련은 하나님과 만물과 사람의 코이노니아를 더 깊이 깨닫고 실천하는 데 도움을 줄 것입니다.

II. 창조세계는 거룩한 책

그리스도교 제일 신앙고백은 창조주 하나님에 대한 고백입니다. 그래서 창조세계는 창조주 하나님을 증언합니다. 창조주에 대한 신앙고백은 기록된 말씀인 성경과 하나님의 작품으로서 창조세계라는 두 권의 책 전통을 갖게 하였습니다.

1. 창조세계가 책(Book)이라는 전통

창조세계를 거룩한 책으로 수행하는 렉시오 디비나를 이해하기 위해서 그리스도교가 창조세계를 어떻게 이해하였는지를 살펴볼 필요가 있습니다. 창조세계를 거룩한 책으로 인식한 두 권의 책(Two Books) 전통과 이와 관련된 신학적 진술을 간략하게 살펴보겠습니다.[13] 아우구스티누스(354-430)는 "하나님의 페이지가 당신에게 책이 되게 하십시오. 그러면 당신은 [성경을 통하여 하나님 음성을] 들을 것입니다. 또한 모든 세상이 책이 되도록 하십시오. 그러면 당신은 [하나님을] 보게 될 것입니다"라고 말했습니다.[14] 창조세계가 책이라는 전통은 비록 신학과 영성의 전반적인 주제는 아니었을지라도 면면히 지속되어 왔습니다.

전통적으로 기록된 말씀으로서 성경은 하나님의 은총을 계시하는 통로가 되기에 창조세계라는 책 보다 우위에 있었다고 여겨왔습니다. 그럼에도 창조세계라는 책은 하나님의 손에 의해 쓰여진 책으로 여겨져 하나님에 대한 앎과 지식을 전달하는 통로로 사용되었습니다. 이런 전통에 신실한 이들은 창조세계가 하나님에 의해 창조되고 지속되기에 이를 주의 깊게 읽고 연구하는데 충실해야 한다고 이해했습니다.

창조세계를 하나님의 책으로 이해할 때 자주 인용되는 성서는 시편, 요한의 프롤로그, 그리고 바울의 서신 등입니다. 시편 기자에게 전 창조세계는 하나님을 찬양하는 찬양공동체입니다(시편 24, 104, 148). 요한에게는 말씀이 육신이 되신 그리스도를 통하여 만물은 창조되었습니다. 바울은 "하나님의 보이지 않는 본성 곧 그분의 영원한 힘과 신성을 피조물을 통하여 알아보고 깨달을 수 있게 되었다(롬 1:20)"라고 증언합니다. 창조세계는 보이지 않는 창조주의 능력과 신성을 드러내기에 거룩한 책으로 이해한 것입니다.

교부들은 창조세계를 하나님 현존의 장소로, 그리고 거룩한 책이라 인식했습니다. 아우구스티누스는 다음과 같이 말합니다.

어떤 사람들은 하나님을 발견하기 위해 책을 읽는다. 그러나 여기에 창조된 것의 출현, 위대한 책이 있다. 위를 보라. 아래를 보라. 주목하라. 그리고 읽으라. 당신이 발견하기 원하는 하나님은 결코 잉크로 그 책을 쓰지 않았다. 오히려 그는 그가 창조하신 것을 당신의 눈앞에 펼쳤다. 이것보다 더 큰 목소리를 청할 수 있는가? 왜 하늘과 땅은 당신에게 하나님이 나를 지으셨다고 소리치는가![15]

창조세계를 거룩한 책으로 보는 태도는 중세 신학에서 더욱 빛을 발합니다. 보나벤투라(1221-1274)는 하나님이 바라보셨던 그 눈으로 창조세계를 바라보고 사랑하지 못한 것에 대해 다음과 같이 이야기합니다.

그러므로 누구든지 창조세계를 통해 드러나는 하나님의 장엄함을 보지 못한 사람은 눈먼 사람이다. 창조세계의 외침에 깨어나지 않는 사람은 눈먼 사람이다. 창조세계가 하나님을 찬양하도록 일깨우는데 하나님께 찬양을 드리지 않는 사람은 벙어리이다. 그러므로 눈을 뜨라. 여러분의 영적 스승에게 주의를 기울이라. 당신의 입술을 열고 마음을 열라. 그렇게 함으로써 모든 창조세계 안에서 하나님을 보고 듣고, 찬양하고, 사랑하고, 경배하고, 확대하고 존경하라. 모든 세계가

당신에게 저항하여 일어나지 않도록.[16]

보나벤투라는 창조세계를 통해 하나님의 음성을 듣지 못하고 보지 못한 사람을 벙어리, 눈먼 자, 귀머거리라고 강하게 비판합니다. 만약 창조세계 안에서 하나님을 찬양하지 않는다면 모든 창조세계가 일어나서 저항할 것이라고 합니다. 보나벤투라가 그렇게 외친 이유는 하나님의 창조와 사랑이 깊이 연결되었기 때문입니다. 하나님은 당신을 사랑 안에서 드러내셨고, 그 사랑을 두 가지 방법으로 표현하셨습니다.

첫 번째 원리는 자기 계시의 통로로 지각할 수 있는 세상(마치 하나님의 거울이나 신적 발자국)을 창조한 것이다. 따라서 두 권의 책이 있다. 한 권은 하나님의 영원한 재능과 지혜로 [성서 안에] 기록된 것이며 다른 하나는 지각을 통해 [책 밖에] 기록된 것이다.[17]

그에게 있어서 창조세계 모두는 하나님의 "작은 말씀"입니다. 그렇기에 창조세계 안에서 하나님을 보고, 듣고, 찬양하고, 사랑하고, 경배하고, 존경하라 한 것입니다.

창조세계를 거룩한 책으로 이해한 전통은 하나님의 절대

주권을 강조하며 성경을 강조했던 종교개혁가의 글 안에서도 나타납니다. 종교개혁가 마틴 루터(1483-1546)는 "하나님은 단지 성경에만 복음을 기록하지 않았다. 그분은 또한 무한한 나무와 꽃과 구름과 별 위에 복음을 기록하였다." 그래서 "모든 창조세계는 가장 아름다운 성경이다. 그 안에서 하나님은 당신 자신을 묘사하였고 그렸다"라고 설교합니다.[18] 칼빈(1509-1564) 또한 『기독교 강요』와 설교 곳곳에서 눈을 열고 창조세계 안에 있는 하나님의 장엄함을 보라고 초대합니다.

루터나 칼빈이 창조세계에 대해 긍정한 내용은 가장 오래된 개혁교회 전통의 신조라 여겨지는 네덜란드 신앙고백서(Belgic Confession, 1561) 안에서도 드러납니다. 개신교의 가장 오래된 신앙고백서는 창조세계를 "우리 눈앞에 가장 고귀한 책"이기에 그 책은 우리로 하여금 하나님의 영원한 힘과 신성을 볼 수 있도록 이끌어간다고 하였습니다.

우리는 그분[하나님]을 두 가지 방법을 통해 안다. 첫 번째는 창조, 보전, 그리고 우주의 법칙이다. 이것은 우리 눈앞에 가장 고귀한 책이다. 크든 작든 모든 창조물 안의 다양한 특징들은 우리로 하여금 바울의 고백처럼 "명확하게 보이지 않는 하나님, 더욱 그분의 영원한 힘과 신성을 보게 이끈다(롬 1:20),"[19]

거룩한 책 창조세계

창조세계를 거룩한 책으로 여기는 이러한 흐름은 현대 생태신학과 생태영성을 통하여 관심이 증가하고 있습니다. 신학자들은 과학자들이 자연을 연구함에 있어 하나님의 범주를 제외시킴으로써 기계론적 세계관을 지향하였고 생태파괴의 기초를 제공한 것을 잘 인식하고 있습니다. 맥페이그(S. McFague), 내쉬(J. Nash), 그리고 캅(J. Cobb), 드윗(C. DeWit) 등은 자연이라는 책을 다시 주의 깊게 연구함으로써 창조세계를 이해하고 자연에 대한 존중심 갖기를 권면하고 있습니다.[20] 『생태영성』의 저자 커밍스(C. Cummings)는 "생태영성은 창조 전체를 큰 존경과 애정 어린 관심을 갖고 다루어져야 하는 한 권의 책, 신성한 책, 자연 속에 드러난 하나님의 자기 현시에 관한 책으로 간주하고 있다"라고 말합니다.[21]

생태 신학자들은 자연이 거룩한 책이라는 전통을 재발견하여 여전히 창조와 유지활동을 진행하고 계시는 저자, 창조주 하나님의 지속하는 창조활동과 책을 수정하는 그분께 관심을 갖도록 설득하고 있습니다. 그럼에도 창조주와 자연이라는 책이 갖는 관계에 어떤 거리가 있음은 주지의 사실입니다. 자연이 창조주는 아닙니다. 우리 조상들이 사용했던 언어 불일불이(不一不二), "하나도 아니고 둘도 아니다"라고 여기면 좋겠습니다. 하나님은 창조세계 안에 계시고, 창조세계는 하나님 안에 머물고 있습니다.

그리스도교 전통 안에서 창조세계를 거룩한 책으로 여기는 사상을 간략하게 살펴보았습니다. 창조세계를 성스러운 실재의 현존으로 보는 것은 매우 시급한 과제입니다. 창조세계가 거룩한 책이며 하나님의 선물로 받아들여질 때, 우리 삶의 태도는 얼마나 변할 수 있겠습니까? 피조물을 인간 유익이나 편리함의 대상으로 여기기보다 창조세계 안에서 하나님 현존의 장엄함을 관상할 수 있을 때 우리는 피조세계와 더 깊은 일치로 나아갈 수 있을 것입니다.

2. 자연관상(Theoria Physike)

창조세계를 거룩한 책으로 보는 전통은 자연관상 또는 창조세계 안에서 하나님의 현존과 지혜를 발견하는 영성을 통해 수행되었습니다. 토마스 머튼(1915-1968)은 자연관상을 다음과 같이 설명합니다.

> 자연관상이란 계시의 상징과 자연 속에 반영된 하나님의 모습 안에서 또는 그 모습을 통해 하나님을 직관하는 것이다. 그것은 우리에게 있는 자연적 능력으로 하나님을 관상하는 것을 의미하는 것이 아니라, 자연 속에 계신 하나님을 관상한다는 뜻이다.[22]

자연 속에 계신 하나님을 직관하였던 흐름은 초기교회에서부터 발견됩니다. 초대교부 오리게네스(185-235)는 인간의 영혼이 윤리학, 자연학, 신비학이라는 세 단계를 거쳐 본래의 모습으로 돌아간다고 하는 사상을 전개했습니다. 첫 번째 단계인 윤리학(ethics)은 도덕적 조명을 말하며 죄로부터 떨어져 나와 덕을 실천하는 삶(praxis)으로 돌아서는 단계입니다. 두 번째 단계인 자연학(physics)은 금욕적인 수행생활을 통해 영혼이 모든 피조물의 본성을 파악하게 되고 그 안에서 참된 하나님을 발견하게 되는 것을 말합니다. 이 단계에 다다른 영혼은 사랑과 함께 모든 존재하는 사물 안에서 사랑 자체이신 하나님을 주의집중하여 바라보게 됩니다. 마지막 신비학(enoptics)은 삼위일체 하나님을 관상하는 단계를 말합니다. 이 단계에서 영혼은 본래의 상태로 돌아가 잃어버린 하나님의 형상을 회복하게 된다고 합니다.

오리게네스 이후 이 전통은 수도승 전통 확립에 기여한 에바그리우스(345-399)에 의해 더욱 발전되었습니다. 그는 영성생활을 프락티케(praktike)와 그노스티케(gnostike)로 구분하였습니다. 그가 사용한 그노스티케는 관상 또는 인식으로 이해되며, 관상은 두 종류로 퓌시케(physike)와 테올로기케(theologike)로 구분하였습니다. 첫 번째 단계 프락티케는 회심과 덕행의 실천을 말하며, 수도승은 고요함을 전제로 하여 악마들과 싸움, 유혹을 극복하고 정념을 억누르는 수행을 요구합니다. 이는 "영혼의 욕정부를 정화하는 영적 방법"이며 이 수행의 목적은 아파테이아(*apatheia*)에 이르는 것입니다. 아파테이아는 사랑이라는 자손을 가지고 있고, 사랑은 두 번째 단계인 자연관상으로 들어가는 문이 됩니다.[23] 둘째 단계는 퓌스케(*physike*) 즉 자연관상으로 창조된 현실세계를 하나님을 통하여 바라보는 단계입니다. 마지막 단계인 테올로기케(*theologike*) 즉 신학은 성삼위에 관한 지식으로서 스스로 당신 가운데 계시는 분으로서의 하나님을 관상하는 단계입니다.[24]

<에바그리우스가 제시한 영적 여정>

Ⅰ. 수행(*praktike*, 프락티케): 회심과 덕행 실천

Ⅱ. 관상(*gnostike*, 그노스티케)

  1. 자연관상(*physike*, 퓌시케): 창조된 현실을 통해 하나님을 바라봄

    1) 제2의 자연관상: 존재 안에서 그리스도의 지혜를 봄

    2) 제1의 자연관상: 로고스가 세상을 창조한 원리를 봄

  2. 신학(*theologike*, 테올로기케): 성삼위일체 하나님에 관한 지식

여기에서 주목하고자 하는 것은 에바그리우스가 사용하는

두 번째 단계인 자연관상(physike, 퀴시케)입니다. 그는 [영지의 장]에서 자연에 대한 관상을 두 단계로 구분합니다. 제2의 자연관상은 낮은 단계로서 존재들을 관상함이며 그리스도의 온갖 지혜를 보는 단계입니다. 이를 넘어서면 제1의 자연관상인데, 이는 존재하는 모든 것의 배후에 있는 근본, 즉 비물체적 원리에 관계된 것입니다. 여기에서 말하는 것은 자연관상은 자연의 아름다움을 관찰하고 즐기는 것이라기보다 오히려 "로고스가 세상을 창조한 이유를 탐구하는 것"입니다.[25] 자연관상을 통해 영혼이 관상하는 대상은 창조세계에서 점진적으로 존재의 모든 근거가 되는 '로고이' 즉 창조된 피조물의 배후에 있는 원리들입니다. 창조된 세상을 하나님을 통하여 관찰하는 것으로 창조 세상의 원리는 하나님 안에, 당신의 말씀 안에 존재하기 때문입니다.[26] 그렇기에 에바그리우스에 따르면, "모든 피조물은 그 정신으로 하여금 삼위일체 하나님을 인식하도록 하기 위해서 창조되었습니다."[27] 만물 안에서 그리스도의 지혜에 눈뜬 영혼은 점점 만물의 근원인 하나님을 향하게 되며, 마침내 삼위일체 하나님에 대한 관상에 이르게 됩니다.

에바그리우스는 『프락티코스』에서 사막교부 안토니우스에 대한 기록을 남깁니다. "한 철학자가 의로운 안토니우스에게 와서 물었다. '오 사부님, 책의 위로가 없는데 어떻게 견디십니까?' 안토니우스가 대답했다. '철학자여, 나의 책은 피조물의 본성이오. 내가 하나님의 말씀을 읽고 싶을 때 책은 거기에 있소.'"[28] 『안토니우스의 생애』에 따르면 그는 글을 배우지 않았다고 합니다. 안토니우스는 비록 글을 몰랐던 사람이지만 하나님의 지혜로 참된 영적 관상을 수행했다고 전합니다. 위 인용문에서 "책의 위로"라 말하는 것은 책을 통해 지혜를 추구하는 이교 학문에 반대한다는 뜻이며, 사막교부에게 창조세계는 책으로 영적 관상을 통해 참된 영적 지식을 얻을 수 있음을 보여주는 일화입니다.

앞에서 언급했던 보나벤투라는 프란체스코의 생태영성을 잘 이어받았습니다. 그는 구약의 성막 이미지를 활용하여 『하나님께 이르는 영혼의 순례기』를 설명하였습니다. 영혼은 성막 뜰과 성전을 지나 하나님의 현존인 지성소에 이르게 된다는 내용입니다. 그는 크게 세 단계로 구분 후 각 단계를 다시 두 가지 길로 세분하여 제시합니다. 제목 중심으로 살펴보면 다음과 같습니다.

첫 번째 단계(하나님의 흔적을 관상함)
1. 하나님께 이르는 단계와 우주 속에 나타난 그분의 흔적을 통하여 그분을 관상함에 대하여
2. 이 감각 세계 속에 나타난 그분의 흔적들 사이에서 하나

님을 관상함에 대하여

두 번째 단계(하나님의 형상을 관상함)
3. 자연적 중력에 각인된 그분의 형상을 통하여 하나님을 관상함에 대하여
4. 새롭게 태어나게 하는 은총의 선물을 받고서 그분의 형상 안에서 하나님을 관상함에 대하여

세 번째 단계(삼위일체 하나님을 관상)
5. 그분의 일차적인 이름인 존재를 통하여 한 분이신 하나님을 관상함에 대하여
6. 그분의 이름인 선하심 안에서 가장 복되신 삼위일체를 관상함에 대하여

케루빔이 여섯 날개를 가지고 있듯이 하나님을 향한 영혼은 성전 뜰과 성전, 그리고 지성소를 향해 가는데 그 단계를 여섯으로 세분한 것입니다. 첫 번째 단계는 우리의 영혼이 만물 안에 드러난 그분의 흔적을 통하여, 그리고 흔적 안에서 하나님을 관상함입니다. 두 번째 단계는 우리의 영혼이 그분의 형상을 통하여, 그리고 형상 안에서 하나님을 관상함입니다. 마침내 세 번째 단계에 이른 영혼은 창조의 원리로서 최상의 원리이며, 하나

님과 사람 사이의 중보자(딤전 2:5)이신 예수 그리스도 안에서 복되신 삼위일체 하나님을 관상하게 됩니다. 우주와 만물에서 하나님의 흔적을 발견한 이는 자신의 영혼 안에 새겨진 하나님의 형상에 눈을 뜨게 되며, 점진적으로 지성소로 들어가 하나님의 현존을 바라보게 될 것입니다.

에바그리우스와 보나벤투라처럼 창조세계가 영성생활과 훈련에서 매우 중요한 위치를 차지하고 있는 것은 『영신수련』의 저자 이냐시오(1491-1556)의 권면과 예수의 성녀 테레사(1515-1582)에게서도 읽혀집니다. 이냐시오는 『영신수련』을 하는 수련자들에게 다음과 같이 권면합니다.

수련자들은 우리 주님의 현존을 모든 만물 안에서 구할 수 있다. 대화나 산책하며 보고, 향기를 맡고, 듣고 하는 그들의 모든 행동에서 말이다. 이는 하나님의 신비(Divine Mystery)는 그의 현존(presence)과 능력(power)과 본질(essence)을 만물 안에 드러내기 때문이다. 하나님의 현존을 만물 안에서 찾는 이런 종류의 묵상(meditation)은 추상적이며 또한 우리 자신의 노력에 의해 우리 자신을 하나님께 들어 올리는 것보다 훨씬 쉬운 일이다.[29]

실제로 여러 차례 『영신수련』에 참가한 경험이 있는 나는 이냐시오의 권면을 체험하곤 하였습니다. 채플에 앉아 기도하며 하나님을 애타게 찾는 것보다 영성센터의 들녘을 걷거나 바라보는 것만으로 충분하게 하나님의 현존을 경험했기 때문입니다. 예수의 성녀 테레사 또한 이냐시오가 만물 안에서 하나님의 현존과 신비를 보려고 했던 것처럼, 만물을 하나님의 거룩한 책으로 대했습니다.

이러한 길을 걷는 영혼들이 재빨리 마음을 모으려면 책을 이용하는 것이 좋습니다. 그런데 나에게는 전원 풍경이나 물, 꽃 같은 것을 보는 것이 크게 도움이 되었습니다. 그런 것들은 나의 창조주를 생각하게 하였고 나를 눈뜨게 하였으며 마음을 깊이 가라앉혀 줌으로써 책을 대신해 주었습니다.[30]

이상과 같이 그리스도교 영성에서 창조세계를 대하는 태도를 고찰하여 볼 때, 자연관상과 영성훈련 전통은 보이는 창조세계가 하나님 지혜와 아름다움의 흔적을 드러내는 곳이며 영적 성장을 위해 꼭 필요한 곳으로 여겼던 것을 알 수 있습니다. 즉 죄로부터 정화된 영혼은 사랑을 입구로 하여 창조세계가 가진 질서와 아름다움, 경이와 놀람을 통해 창조주 하나님을 아는 단계에 이르게 됩니다. 자연은 물질적이며 사람의 삶을 위한 공리적인 측면이 있습니다. 그러나 영성가들은 창조세계가 거룩한 책이기에 관상적 실체로 바라보았습니다. 창조세계 안에 계신 하나님을 바라봄으로써 영혼을 하나님께 들어 올릴 수 있으며, 창조세계를 넘어서 영혼은 신적 아름다움을 바라보게 됩니다.

현대 영성가들 또한 창조세계라는 책이 영성훈련과 관상적 삶에 큰 유익이 있음을 증언합니다. 헨리 나우웬(1932-1996)은 『로마의 어릿광대』에서 관상을 설명함에 있어서 헨리 뉴만(1801-1890)을 인용하여 다음과 같이 말합니다.

> 가시적인 세상은 비가시적 세상의 베일이다. … 존재하거나 가시적으로 일어나고 있는 모든 것은 무엇인가를 숨기고 있고, 또 암시하고 있으며, 특히 인간 조직, 자신을 초월하는 사실과 사건들에 이바지하고 있다. 만일 자연이 우리를 치유하고 충고하며 다시 가르칠 수 있게 한다면, 우리는 우리 세상에 무한한 봉사를 할 수 있다.[31]

창조세계는 기독교 영성훈련 전통 안에서 거룩한 책의 지위를 가지고 있음을 확인할 수 있고, 모든 피조물은 거룩한 책으로 저자인 하나님을 향하여 방향 지어져 있고 그곳으로 인도하는 역할을 하고 있습니다. 창조세계를 거룩한 책으로 여긴 신학적 흐름과 자연관상 및 영성훈련 전통은 우리에게 우주 안에 존재하는 모든 피조물은 그것을 만든 한 분의 신성을 관상하는 데 아주 중요한 이콘(icon, 보이지 않는 하나님을 보이게 하는 창문)이라는 사실을 강조합니다. 창조세계는 보이지 않는 하나님을 보이게 하는 창문과 같습니다. 그러니 말씀을 묵상하며 하나님 앞에 머물 수 있는 것처럼, 창조세계 안에 머물며 하나님 앞으로 나아갈 수 있겠습니다.

3. 성경과 창조세계

창조세계를 거룩한 책이라 이해하며 창조세계가 하나님께 나아가는 여정에 중요한 위치를 차지하고 있다 할 때 제기될 수 있는 반론은 무엇일까요? 첫 번째 질문은 창조세계와 하나님의 본질과 관계에 관한 것입니다. 아우구스티누스는 이러한 질문에 답하기 위해 창조세계 안에는 하나님의 본질이 존재하지 않고, 오직 하나님의 흔적(vestigia Dei)이 있다고 하였습니다. 창조세계를 부정하는 이단 마니키안과 대항하여, 그는 "모든 창조세계에 대하여 하나님께서 저자이시며, 위대한 자연이라는 책을 읽을 때"라고 말했습니다.[32] 그가 적대자들에게 주장하고 싶었던 것은 창조주 하나님께서 지으신 창조세계는 선하다는 것입니다. 하나님이 그것의 저자이기 때문입니다. 저자와 작품이 동일시될 수는 없으나, 저자와 작품을 분리시켜 생각할 수 없습니다. 하나님과 창조세계 관계가 그렇습니다. 이러한 전통은 우주의 질서와 창조세계 안에서 삼위일체 흔적을 발견한 아퀴나스에 이르러, "모든 창조물 안에는 삼위일체의 흔적이 발견된다"라는 신학 안에서 더욱 체계화됩니다.[33]

아우구스티누스가 창조세계를 하나님의 흔적으로 본 것을 뛰어넘는 보다 적극적인 진술은 에리우게나(815-877)에게서 발견됩니다. 에리우게나는 "모든 것의 존재는 존재를 넘는 신격"이라고 진술합니다.[34] 이는 그가 신플라톤 사상 위에서 창조세계 전체가 신적 존재로부터 역동적으로 흘러나와 그분께로 되돌아간다는 인식을 가지고 있음을 보여줍니다. 그는 다음과 같이 말합니다.

> 우리는 하나님과 창조물을 서로 구분되는 둘이 아니라 하나이자 같은 것으로 이해해야 한다. 창조물은 존재함으로써 하나님 안에 있고, 하나님은 자신을 현시함으로써 경이롭고 형언할 수 없는 방식으로 창조물 안에서 자신을 창조하신다.[35]

신학적 전통에서 창조세계 안에서 하나님의 현존을 체험한다고 하거나 삼위일체의 흔적을 경험한다고 해서 창조세계와 하나님을 동일시하는 경우는 없었습니다. 오히려 마니키안이나 영지주의자들이 창조세계와 물질세계가 부질없고 죄악이 가득한 곳이라 할 때, 성경과 교회 전통은 창조세계가 하나님의 작품이기에 거룩한 책이라는 전통을 옹호하였습니다.

두 번째 제기할 수 있는 질문은 창조세계를 거룩한 책으로 이해할 때 기록된 말씀인 성경과의 관계를 어떻게 설정할 것인가에 대한 것입니다. 현재 인류가 직면한 모습은 빙산과 충돌을 앞둔 타이타닉호에 비유할 수 있습니다. 기후위기, 생태파괴, 지속불가능한 자원의 착취, 그리고 지구 온난화 등의 문제는 매우 심각한 문제입니다. 그러나 우리의 상황을 개선하려는 노력 대신에 우리는 배의 갑판에 앉아 고개를 끄덕이며 성경을 읽고 있다고 할 수 있습니다. 베리는 "여기 우리는 침몰하는 행성과 함께 있다. 신의 장엄한 계시를 잃어버렸으며 우리는 그럼에도 여전히 창조세계라는 책을 읽는 대신 성경을 읽고 있다. 우리는 그 책을 읽으면서 물속으로 빠져들 것"이라고 말합니다.

창조세계라는 책을 읽기 위해 우리는 성경 읽기를 새롭게 시도해야 합니다. 이를 위해 인간중심적이고 기계적 성경 읽기를 포기할 필요가 있습니다. 성경이 진술하는 창조세계가 갖는 의미의 참뜻을 이해하지 못하는 현재 기독교인들은 성경을 잠시 덮고 있을 때 성경의 소중함을 알 뿐만 아니라 창조세계가 거룩한 책임을 알 수 있게 될 것입니다. 베리는 다음과 같이 말합니다.

> 우리는 자주 서로가 헤어져 있을 때 서로에게 얼마나 소중한 존재인지를 깨닫곤 합니다. 그렇듯이 나는 성경을 책꽂이에 꽂아 두기를 제안합니다. 그러면서 동시에 고대 기독교인들이 가지고 있었던 두 권의 책, 창조세계라는 책의 전통을 회복하게 될 것입니다.[36]

베리가 한동안 성서를 책꽂이에 두자는 내용은 성서 읽기를 포기하자는 내용이 아닙니다. 오히려 그렇게 할 때 창조세계라는 책을 명확히 보며 이해할 때 성서를 더욱 감사하며 소중하게 여길 수 있다는 뜻입니다. 책꽂이에 꽂아놓으면 창조세계라는 책이 보일 것이며 더욱 성경이 갖는 중요성이 드러날 것이라는 주장입니다. 창조세계와 성경은 하나님의 현존을 드러내는 두 원천으로서 서로 상보적인 관계를 맺고 있으며, 서로를 해석하는 데 필수적이라 할 수 있습니다.

베르나르드(1090-1153)는 "경험을 가진 저를 믿으세요. 만약 당신이 책 속에서보다 숲속에서 더욱 많은 시간을 보낸다면 더 많이 발견할 것입니다. 나무들과 돌들은 어떤 스승들로부터 배우지 못한 것을 가르칠 것입니다"라고 말했습니다. 그런 베르나르도의 경험에 대하여 한 동료는 "사실, 그는 최근에 이르러 다음과 같이 고백했다. 성경에서 얻었던 능력이 어떤 것이든 간에, 또한 그것을 위해 가졌던 영적 감수성이 어떤 것이든 간에 이 모든 것은 삼림 혹은 들판에서 묵상 또는 기도하면서 비롯된 것이다"라고 말합니다.[37]

창조세계가 책이라는 은유는 성경이 가진 권위에 대척하는 것이 아니라 성경 읽기와 다른 차원의 읽기를 요구합니다. 하나님의 숨결 안에서 창조세계와 성경의 관계는 아주 위대한 교향악과 같은 일치의 선율이 흐릅니다. 두 권의 책은 하나님의 진리를 세상에 드러내는 방식입니다. 자연은 성경을 설명하고, 성경은 자연에 관해 설명합니다. 하나님의 초월성과 내재성을 이해할 때 서로 배타적으로 이해하지 않고 상보적으로 이해하듯이, 창조세계라는 책과 거룩한 말씀의 책은 서로 대립하거나 배타적인 관계가 아닙니다.

두 권의 책이라는 전통을 통해 드러내고자 하는 것은 결코 성경에 대한 의미와 가치를 감소시키려는 것은 아닙니다. 오히려 성경의 저자와 창조세계의 저자를 한 분 하나님으로 이해할 때 우리는 창조세계를 더욱 잘 이해하며 창조세계를 통해 드러내신 하나님과 더 깊은 사귐을 추구할 수 있다는 것입니다. 이런 사귐은 궁극적으로 성경을 통해 드러낸 하나님에 대한 우리의 지식과 앎의 궁극적 목표가 될 것입니다.

세 번째 질문은 시편기자나 프란체스코는 나무와 산과 새들이 하나님을 찬양한다고 노래합니다. 그러나 우리는 창조세계를 대할 때 그와 같은 경험을 하고 있을까요? 왜 우리는 나무에 대해 갖는 우리의 경험, 산, 강, 바다, 바람 등의 경험을 통해 시편 기자와 같은 종교적 체험을 할 수 없느냐는 물음을 던질 수 있습니다. 이에 대한 전통적인 응답은 창조세계라는 책을 통해 하나님을 알지 못하는 이유에 대하여 죄로 인한 인류의 타락에서 원인을 찾습니다. 보나벤투라는 "세상이라는 책은 죽었고 파괴되었다. 그러나 자비를 통하여 세상의 만물은 다시 한번 책으로써, 창조하시는 삼위일체를 반영하고 드러내며 또한 다시 판독할 수 있게 되었다"라고 합니다.[38] 인간의 죄로 인해 창조세계 또한 죄의 영향 아래 있게 되었고, 또한 창조세계를 통해 들려주시는 하나님의 계시를 알아보지 못했습니다.

현대의 생태적 죄악은 창조세계가 하나님의 거룩한 책으로 하나님을 만날 수 있는 곳임을 거부하는 것입니다. 그 결과 창조세계는 인간의 탐욕을 위한 경제적 착취의 대상으로 전락하였습니다. 하나님을 만나는 거룩한 장소가 아닌 무한한 성장을 위해 언제든지 파괴할 수 있는 물건이 되어버린 것입니다.

창조세계를 거룩한 책으로 대하는 전통은 생태적 죄악에 빠진 그리스도인들을 일깨우는 죽비와 같은 역할을 할 것입니다. 창세기의 증언처럼 땅은 창조의 동역자였고, 시편 기자는 모든 창조세계는 하나님을 찬양하는 찬양의 주체라 하였습니다. 창조세계는 우리에게 주거, 음식을 제공해 줄 뿐만 아니라 정서적이며 미적, 그리고 도덕적이며 영적 원천이 됩니다. 무엇보다도 창조세계는 거룩한 책으로 우리가 그 책을 읽고, 묵상하고, 기도하고, 머물 때 숨어 계신 하나님의 얼굴을 드러내실 것입니다.

III. 창조세계를 통한 렉시오 디비나

렉시오 디비나는 고대 영성훈련 방법으로서 수도원 전통 안에서 면면히 이어져왔고, 오늘날 그 가치가 다시 발견되고 있습니다. 하나님 말씀을 사변의 대상 또는 신학의 대상으로 삼지 않고 살아있는 하나님의 말씀으로 대하는 훈련입니다. 이 영성훈련은 독서, 묵상, 기도, 그리고 관상의 네 단계로 이루어집니다.[39]

그렇다면 창조세계를 거룩한 책으로 수행하는 렉시오 디비나는 가능할까요? 창조세계가 렉시오 디비나와 밀접한 관련이 있음에 대하여 다이징어(L. Dysinger)는 에바그리우스의 신학의 단계를 인용하듯, 다음과 같이 이야기합니다.

> 초대 수도원 전통에 따르면 관상은 두 가지로 이해되었다. 첫 번째는 자연관상으로 창조세계 안에서 하나님을 관상하는 것으로 다양한 만물 안에서 하나님을 관조하는 것이다. 둘째는 신학으로 어떤 이미지나 언어 없이 근본 일자이신 하나님 그분을 관상하는 것이다. 이런 관점에서 보면 렉시오 디비나는 그분의 창조세계 안에서 하나님 관상을 위한 훈련소(training-ground)로 봉사해 왔다.[40]

그가 고대 수도원에서 관상이 영성수련을 통해 얻어지는 목적이 아니며 하나님의 은총을 단순히 수여받는 것으로 이해함이 옳듯이 창조세계 안에서 하나님에 대한 인식 또는 발견은 관상의 입구가 된다고 할 수 있습니다. 센터링 기도를 통해 세계에 널리 알려진 키팅(T. Keating)은 렉시오 디비나를 통해 창조세계 안에 계신 하나님 현존과 그 근원에 대해 알 수 있다고 말합니다.

렉시오를 함으로써, 기도자는 온 창조세계 안과 사건 안에서 하나님 말씀의 현존을 알아차린다. 이것은 요한 사도가 요한복음 서문에서 쓴 것과 같은 경험으로 '그분 없이는 만들어진 것이 없다'는 경험과 같은 것이다. 관상적인 기도 안에서 우리는 모든 창조세계의 근원을 경험한다. 따라서 우리는 우리 자신과 제한된 세계관을 초월한다. 그 결과 다른 사람과 연대감을 느끼며 우주에 속해 있는 소속감을 즐길 것이다.[41]

다음은 창조세계를 책으로 수행하는 렉시오 디비나 네 단계를 제안하려 합니다. 그런데 이것은 체계적인 설명이 아니며 네 단계가 순차적으로 일어나는 것을 의미하지 않습니다. 오히려 창조세계 안에서 경험하게 되는 하나님과 인간 사이의 교감에 대한 개략적인 설명입니다.

1. 렉시오(lectio)

창조세계를 거룩한 책으로 하는 렉시오 디비나에서 첫 번째 단계인 렉시오는 하늘의 해와 달, 별, 산, 들, 숲, 강, 노래하는 새와 동물들이 불러주는 노랫소리에 귀 기울이는 것입니다. 우리는 대량멸종으로 인해 창조세계의 찬양이 영원히 멈추기 전에 그들의 음성에 귀를 기울여야 합니다. 시편 기자가 148편에서 들었던 우주적 찬양은 창조세계가 한번 사라지고 나면 다시 들을 수 없을 것입니다. 만약 이들이 사라진다면 우리는 창조세계가 불러일으키는 시인의 감수성, 화가의 예술성, 그리고 심지어 깊은 종교적 신비체험을 다시는 접할 수 없게 되는 것입니다.

창조세계에 귀를 기울여 듣는다는 것은 창조세계 안에 머물며 그 안에서 다양함을 경험하는 것이며, 다양성은 상호연관성 또는 부분과 전체의 관계에 대한 우리의 제한된 시각을 확장시킵니다. 다양성에 대한 묵상에 있어서 창조세계의 다양성이 신적 신성을 표현하는 것과 연결시킨 아퀴나스의 다음 진술을 상고해 볼 수 있습니다.

하나님이 사물을 존재하게 한 것은 창조물에 자신의 선성(goodness)이 전달되고 하나님의 선성이 창조세계에 의해 표현되게 하기 위한 것이었다. 그리고 그분의 신성은 하나의 창조물로는 적절하게 표현할 수 없기 때문에 하나님은 많고 다양한 창조물을 산출했다. 그것은 신적 선성을 표현하는데 하나의 창조물에 결핍된 것이 다른 창조물에 의해 제공될 수 있게 하려는 것이었다. 하나님 안에서는 단순하고 단일한 형태로 있는 선성도 창조물에서는 여러 모양으로 분리되어 있기 때문이다. 따라서 온 우주가 함께 다른 어떤 창조물보다 더 완전하게 하나님의 선성에 참여하고 그 우주는 다른 어떤 단일 창조물보다 하나님의 선성을 더 잘 표현한다.[42]

토마스에 따르면 창조세계의 각 부분은 유일무이한 방식으로 그것이 속한 전체를 진술한다는 것입니다. 완성은 부분이 아니라 전체에 있습니다. 창조세계에 참여하는 모든 존재는 하나님의 일차적 의도를 드러내는 것이 목적입니다. 이런 관점에서 볼 때 창조세계를 구성하는 모든 것은 하나님을 찬양하며 그분께 영광을 돌리는 주체들이기에 그들의 음성을 들어야 할 것입니다.

멈추십시오. 그리고 창조세계를 하나님의 책으로 읽어보십시오.

2. 메디타시오(meditatio)

창조세계를 책으로 하는 렉시오 디비나의 두 번째 단계는 메디타시오입니다. 성경을 활용한 렉시오 디비나에서 묵상은 기록된 말씀을 깊이, 그리고 폭넓게 이해하려는 시도입니다. 엔조 비앙키는 묵상을 통해 말씀의 뜻을 찾는 방법을 다음과 같이 진술합니다.

하나님의 빛으로 밝혀진 지성으로 곰곰이 생각하십시오." 또한 성서의 중심인 그리스도를 찾으며 "그리스도를 바라보십시오. 당신 안에서 그리스도께서 반사되게 하십시오. 지나칠 정도로 당신 자신을 바라보지 마십시오. 당신을 거룩하게 변모시키시는 분은 그분이시기 때문입니다.[43]

창조세계를 거룩한 책으로 여기는 묵상 또한 창조세계 안에서 현존하시는 그리스도를 찾으며, 바라보는 것이 중요합니다. 권정생의 글은 창조세계 책 안에서 그리스도를 찾는 방법에 도움이 될 것입니다.

내가 사는 것이 아니라 자연이 함께 내 몸속에서 살고 있다. 그러니 나는 자연의 일부이며 또한 하나님의 한 부분이기도 하다. 예수님이 이 사람들 속에 내가 있고 내 속에 하나님이 계신다고 하신 것은, 백번 옳은 말씀이다.[44]

이 단계에서 우리는 사물의 내적 본질을 그리스도와 연관하여 묵상할 수 있습니다. 이를 위해 그리스도의 실재를 우주적인 전 창조세계를 포함하여 이해한 요한의 프롤로그와 바울의 우주적 그리스도 이해는 큰 도움을 줄 것입니다. 요한이 로고스에 대하여 증언하며, "모든 것이 그분을 통하여 생겨났고 그분 없이 생겨난 것은 하나도 없다"라고 진술한 내용에서 창조세계는 그리스도 범주를 갖는다고 할 수 있습니다. 말씀이신 그분의 육화로 인해 전체 창조세계는 거룩함을 드러내게 된 것입니다. 초대교회 교부 이레니우스(130-202)는 "창조세계 자체를 통해서 말씀은 창조주 하나님을 계시하였다. [창조된] 세상을 통하여 [그리스도]는 세상을 만드신 주를 드러냈다. 창조된 모든 것을 통하여 [그리스도]는 모든 것을 지으신 분을 드러냈다"라고 합니다.[45]

그리스도교 영성과 신학에서 궁극적이며 완전한 계시는 예수 그리스도입니다. 그분은 유일한 말씀입니다. 우리가 창조세계라는 책을 읽든 신구약 성경을 읽든 우리는 예수 그리스도 앞에 서 있는 것으로 이해할 수 있습니다. 중세의 신비가 빅토르(1096-1141)는 "유일한 책은 바로 그리스도이시다. 모든 성서는 우리에게 그리스도에 관해 이야기해 주기 때문이며, 또 모든 성서는 그리스도 안에서 완성되기 때문이다"라고 말합니다.[46] 이런 관점에서 볼 때 우리가 창조세계를 통하여 궁극적으로 듣고 바라보아야 하는 주체는 예수 그리스도입니다. 그럴 때, 신음하는 피조물의 고통과 탄식은 그리스도의 고통과 탄식으로 들릴 것이며 이때 우리 안에 계신 그리스도의 신음과 만나는 것이 아닐까요?

창조세계 안에 깃든 신비를 묵상하십시오. 그리스도를 만나게 될 것입니다.

3. 오라시오(oratio)

생태영성 훈련으로서 메디타시오는 창조세계 실체에 내재한 어떤 신성한 존재를 심층적으로 인식할 수 있도록 돕고 묵상합니다. 그 단계에 이른 영혼이 맛본 경외감과 경이로움은 하나님 앞에서, 그리스도와 함께, 성령 안에서 기도를 시작하게 됩니다. 인천 계양산 소나무 위에서 약 5개월을 보냈던 윤인중 목사의 『솔숲에서 띄우는 편지』에 나오는 내용입니다.

> 나무 어느 한 그루 비를 피하여 도망치지 않았다. 도망칠 줄을 모르는 나무다. 의연하다. 거룩하다. 하늘을 향하여 깊은 침묵으로 기도하는 수도자의 모습이다. 비가 그치고 햇살이 숲 안으로 쏟아져 들어오면, 말쑥한 자태로 서 있는 나무들, 거기에도 아무 소리가 들리지 않는다. '말없이' 자기 자리에 마냥 서 있는 나무들이 '겸손하라', '침묵하라'는 소리를 던져 주었다.[47]

저자는 말없이 귀 기울이고 바라봄을 통하여 마침내 겨울나무가 건네는 "겸손하라, 침묵하라"는 하늘의 음성을 듣습니다. 그 자리가 기도의 자리입니다. 그는 겨울 숲과 나무들과 함께 하나님 앞에서 겸손과 침묵으로 말없이 기도를 드린 것입니다.

창조세계와 함께 드리는 기도의 이해를 돕기 위해 더글러스 우드가 쓴 『할아버지가 가르쳐 준 지구의 기도』를 소개하고자 합니다.[48] 할아버지와 손자가 나누는 대화를 통해 창조세계의 기도를 배울 수 있습니다.

어느 날 나는 기도하는 사람들에 대해서 여쭤보았다. 한동안, 할아버지는 아무 말씀도 하지 않으셨고, 우리가 숲에서 가장 큰 나무들이 있는 곳에 이를 때까지 걷기만 하셨다. 그리고 응답했다.

"저 나무들의 기도 소리가 들리니?"

할아버지는 속삭이듯 물었다. 나는 들어보려고 귀를 기울여 보았지만 아무 소리도 들을 수 없었다. 할아버지는 말했다.

"그들이 얼마나 하늘에 가까이 뻗쳐있는지 보렴. 그들은 구름과 해와 달과 별들에 더더욱 가까워지려고 한단다. 기도하는 사람들이 천국에 닿으려고 하는 것과 무엇이 다르겠니?"

나는 나무에 대해 생각하며 나무의 기도를 들으려고 애썼고, 그러는 동안 나는 이끼가 낀 오래된 바위 위에 앉았다. 할아버지는 입을 열었다.

"바위도 기도한단다. 자갈도, 오랜 세월을 견뎌온 저 언덕도. 그들은 움직이지 않고 침묵하는 이 두 가지 방법으로 기도한단다."

나는 바위에 대해서도 열심히 생각해 보았다. 그리고 자갈 하나를 주워서 주머니에 집어넣었다. 우리는 조금 더 멀리까지 걸었고 작은 시냇가에 이르렀다. 물은 물보라를 일으키며 햇빛 아래 반짝였고, 물가 그늘진 곳에는 작은 물고기들이 떠다니고 있었다. 나는 할아버지에게 물었고, 할아버지는 답했다.

"할아버지, 시냇물도 기도하나요?"

"시냇물도 기도하지. 그리고 호수도, 강도, 모든 종류의 물이 기도한단다. 가끔은 물도 바위처럼 조용히 기도한단다. 물은 여기에서 조용히 누워 구름과 새, 저녁놀과 초저녁에 처음 나온 별들을 비추며 기도하지.

때때로 물은 역동적으로 기도한단다. 지구 표면을 가로질러 흐르며 그들 자신을 바다에게 주기도 하고 하늘에게 주기도 하는 그들의 여행을 계속하면서 기도한단다. 어떤 땐 웃음으로, 어떤 땐 그들의 친구가 되는 돌과 낄낄거리며, 또 어떤 때는 춤으로, 공중에 튀어 올랐다가 떨어지면서 기도한단다. 그 모든 것이 기도하는 방법이지.

하지만 기도하는 방법은 더 있단다. 저기 키가 큰 풀들은 그들의 팔들을 흔들면서 기도하고, 꽃들은 공기 중에 그들의 향기를 퍼뜨리며 기도하지.

바람은 휘파람을 불기도 하고 끙끙거리기도 하고 또 한숨을 쉬어가며 기도한단다. 그것은 기도하면서 찬송을 같이 드리는 것과 같지.

새들은 아침에 첫 노래로 기도하고, 노래를 부르기 전에는 고요함 속에서 기도하지. 그리고 언제나 해가 질 무렵엔 울새가 마지막 노래로 기도한단다.

세상의 모든 것들은 기도한단다. 그들은 숲을 가로질러 날면서, 혹은 물을 튕기면서… 산등성이를 오르거나 구름 사이를 날거나 땅속에 있는 굴에 들어갈 때도 기도하지. 살아있는 모든 것은 아름답고 그들이 아름다운 것은 그들의 기도에 대한 응답이란다."

그리고 우리는 침묵했다. 할아버지는 저 멀리 어딘가를 바라보셨고 나는 할아버지가 말한 돌과 나무, 풀과 새, 그리고 꽃, 이 모든 것에 대해서 생각했다. 그리고 마침내 나는 사람들의 기도에 대해서 여쭈었다. 할아버지는 웃으며 내 머리를 쓰다듬었다.

"사람들은 가장 아름다운 기도를 하지.
고개를 숙여 꽃의 향기를 맡는 것도 기도가 될 수 있단다.
조용히 해돋이를 바라보거나, 지구가 돌아가고 있음을 느껴보거나 새로이 시작되는 날에게 안녕이라고 말하는 것은 오래된 기도 중 하나란다.
겨울날 눈 덮인 숲속에 서서 너의 숨결이 세상의 일부분이 되는 것을 느껴보는 것도 기도 중 하나란다.
음악을 만들거나 그림을 그리는 것도 기도 중 하나이다.
저녁 식탁에서 가족들의 손과 친구들의 손을 잡고 우리를 함께 있게 해 주신 것에 대해 감사하는 것도 가장 좋은 기도 중의 하나이지.

가끔 사람들은 슬프거나 아프거나 외롭거나, 그들 스스로가 감당하기에는 너무 무거운 문제가 생겼을 때 기도를 한단다. 그들은 그들의 아버지나 어머니나 할아버지나 증조할머니에게 배운 기도를 할지도 모른다. 하지만 그들은 그들 자신만의 기도를 찾아야 한다.
기억해야 할 가장 중요한 것은 그 기도들이 가슴에서 우러나오는 진실한 기도여야 한다는 것이다."

우리가 충분히 멀리 걸었고 할아버지는 돌아가자고 했지만, 나는 마지막 질문이 아직 남아 있었다.

"할아버지, 우리의 기도는 응답을 받나요?"

할아버지께서 웃으셨다.
"대부분의 기도는 사실은 질문이 아니란다. 만약 우리가 아주 가까이서 그 기도를 들어본다면, 그 기도가 바로 답임을 알 수 있단다. 나무들과 바람과 물과 같이, 세상을 바꾸기 위해서가 아니라 우리 자신을 변화시키기 위해 우리가 여기에 존재하기에 우리는 기도한단다. 왜냐하면 우리 자신이 바뀌면 그것이 바로 세상을 바꾸기 때문이란다." [49]

기도하십시오. 그리고 하나님 앞에서 예수님과 함께 성령님 안에 머물러보십시오.

4. 컨템플라치오(contemplatio)

창조세계를 책으로 하는 렉시오 디비나를 수행하는 목표는 창조세계를 향한 생태적 민감성을 낳은 것이며 그래서 이를 통해 만물 안에, 만물 위에, 그리고 만물을 통하여 계신 하나님과 일치와 연합을 체험하는 것입니다. 베리는 다음과 같이 말합니다.

서먹한 단계를 지나면 새로운 친밀감이 싹튼다. 기계론 뒤에는 좀 더 위대한 생물학적 감수성이, 손상 후엔 지구의 치유가 뒤따른다. 우리는 다만 우리를 둘러싼 우주의 불투명한 물질적 측면을 바라볼 필요가 있다. 우주를 보며 귀 기울이고 그 존재의 가장 깊은 곳까지 느끼고 체험하기만 하면 된다. 그러면 갑자기 우주의 불투명한 성질, 우주의 저항이 사라지고 신비한 세계로 들어가게 된다. 불투명하고 딱딱하게 느껴졌던 것이 갑자기 상상을 초월하여 지성적인 명료함을 강하게 띠고 빛날 것이다.[50]

신비한 세계를 경험하며 상상을 초월한 지성적인 명료함은 관상을 기술하며 설명하는 데 사용된 언어들입니다. 관상을 뜻하는 테오리아(*theoria*)는 문자적으로 하나님을 바라봄 또는 하나님의 관점(vision of God)을 의미하는데 창조세계를 바라보는 우리의 시선이 불투명에서 투명함으로 움직이게 할 것입니다. 생태적 관상경험은 하나님과 만물과 사람이 맺는 사귐이요, 주체들 간의 연합이라 할 수 있습니다. 창조세계가 하나님 현존의 빛 안에서 관조하며, 인간의 눈과 의식을 통해 창조세계는 창조주에 대한 찬양과 경배가 명료화하게 될 것입니다.

오랫동안 사랑의 눈으로 하나님을 바라보십시오. 하나님께서 당신을 바라보고 계십니다.

글을 맺으며

창조세계를 거룩한 책으로 볼 때, 우리는 생태위기가 보다 깊은 차원의 영적인 문제임을 쉽게 이해할 수 있습니다. 우리에게 필요한 것은 생태위기를 극복하며 창조세계와 인간이 맺는 친밀함과 생태적 감수성 함양을 위한 영성훈련입니다. 이에 대한 응답으로 창조세계를 거룩한 책으로 대하는 렉시오 디비나를 제안했습니다.

창조세계를 책으로 하는 영성훈련은 우리로 하여금 자연세계로부터 소외되고 분리된 영성에서 자연과 친밀감을 키워주는 영성으로 나아가도록 기여할 것입니다. 말씀을 통해 계시된 그리스도에 대한 인식과 함께 가시적 세계를 통해 계시된 "보이지 않는 하나님의 신성한 성품과 능력"을 체험하는 영성으로 확장시켜 나갈 것입니다. 생태적 영성훈련은 생태위기의 심각성을 인식하게 하고, 그것을 치유할 수 있도록 하나님과 만물과 사람의 친밀한 사귐을 향한 영적 에너지를 제공할 것이라 확신합니다.

※ 이 글은 "생태영성 탐구 - 창조세계를 책으로 실행하는 렉시오 디비나(lectio divina)는 가능한가?"라는 제목으로 2014년 「신학과 실천」에 기재 되었던 글을 수정보완 하였습니다.

■ 참고 문헌

권정생. 『우리들의 하나님』. 서울: 녹색평론사, 2003.
데레사. 『천주자비의 글』. 서울가르멜여자수도원 역, 왜관: 분도, 2002.
박노권. 『렉시오 디비나를 통한 영성훈련: 심리적 치유와의 관계 분석』. 서울: 한들, 2008.
브라이언 스윔·토마스 베리. 『우주이야기』. 맹영선 옮김, 서울: 대화, 2010.
앤드루 라우스. 『서양 신비사상의 기원: 플라톤에서 디오니시우스까지』. 배성옥 옮김, 왜관: 분도, 2002.
에바그리우스 폰티쿠스. 『프라티코스: 수행생활에 관한 가르침』. 허성석 역주, 해제, 왜관: 분도출판사, 2011.
엔조 비앙키. 『말씀에서 샘솟는 기도』. 이연학 옮김, 왜관: 분도, 2001.
윤인중. 『솔숲에서 띄운 편지』. 서울: 동연, 2008.
토마스 베리. 『그리스도교의 미래와 지구의 운명』. 황종렬 옮김, 서울: 바오로딸, 2011.
토마스 베리. 『지구의 꿈』. 맹영선 옮김, 서울: 대화, 2013.
토마스 베리. 『신생대를 넘어서 생태대로』. 김준우 옮김, 고양: 에코조익, 2006.
헨리 나웬. 『로마의 어릿광대』. 김광식 옮김, 서울: 가톨릭대학교출판부, 2000.
허성준. 『수도 전통에 따른 렉시오 디비나』. 왜관: 분도, 2003.
Bartholomew. "Address of His Holiness Ecumenical Patriarch Bartholomew at the Environmental Symposium, Santa Barbara, CA, Nov 8, 1997." in *The Sacred Earth: Religion, Nature, Environment* (2nd 2004): 229-30.
"Book of Nature." in *Encyclopedia of Religion and Ecology*. Ed., by Bron Taylor, London & New York: Continuum, 2005.
Cawley, Martinus, trans. *Bernard of Clairvaux: Early Biographies*. vol. 1, Lafayette: Guadalupe Translations, 1990.
"Confession of Faith." Accessed on Jan 9, 2014: https://www.urcna.org/sysfiles/site_uploads/custom_public/custom2642.pdf
Cummings, Charles. *Eco-Spirituality: Towards a Reverent Life*. Mahwah: Paulist Press, 1991.
Dysinger, Luke. "Accepting the Embrace of God: the Ancient Art of Lectio Divina." Accessed on Jan 3, 2014: http://www.valyermo.com/index.html
Eliade, Mircea. *A History of Religious Ideas*. Trans., by Willard R. Trask, Vol. 1,

Chicago: University of Chicago Press, 1982.
Hull, Fritz. "Preface." in *Earth & Spirit: The Spiritual Dimension of the Environmental Crisis*. New York: Continuum, 1993.
Irenaeus of Lyons, *Against Heresies, from Office of Readings*. Boston: St. Paul, 1983.
Keating, Thomas. "The Classical Monastic Practice of Lectio Divina." Accessed on Jan 3, 2014: http://www.crossroadshikers.org/LectioDevina.htm
King, Ursula. "One Planet, One Spirit: Searching for an Ecologically Balanced Spirituality." *Ecotheology* 10, no. 1 (2005).
McDaniel, Jay. *Of God and Pelicans: A Theology of Reverence for Life*. Westminster/John Knox Press, 1989.
McKibben, Bill. *The End of Nature*. Random House, 1997.
Luther, Martin. *Martin Luther on Creation*. Quoted Caesar Johnson, *To See a World in a Grain of Sand*. Norwalk, Conn: C.R. Gibson Company, 1972.
Merton, Thomas. *Inner Experience of Love: Notes on Contemplation*. Ed., by William H. Shannon, HarperSanFranciscon, 2004.
Panikkar, Raimon. *A Dwelling Place for Wisdom*. Louisville: Westminster/John Knox Press, 1993.
Pedersen, Olaf. *Two Books: Historical Notes on Some Interactions between Natural Science asnd Theology*. Vatican Observatory, 2007.
St. Augustine, *De. Civit. Dei*, Book XVI. 재인용 베리.『그리스도교의 미래와 지구의 운명』. 황종렬 옮김, 서울: 바오로딸, 2011.
St. Bonaventure. *Breiloquium*. Trans., Joes de Vinck, *The Works of Bonaventure*. Vol II, Paterson, St. Anthony 1963.
"St. Ignatius Loyola Letter to Brandao, June 1551." Ed., by Raymond A. Schroth, *Jesuit spirit in a time of change*. Newman Press, 1968.
Steffen, Will. & Jacques Grinevald, Paul Crutzen, and John McNeill. "The Anthropocene: conceptual and historical perspectives." *Philosophical Transactions of The Royal Society*, A (2011): 842-867.
The Letters of Bernard of Clairvaux. Trans. Bruno Scott James, London: Burns & Oates, 1953.
White, Lynn. Jr. "Historical Roots of Our Ecologic Crisis." *Science* 155 (1967): 1203-7.
Wood, Douglas. *Grandad's Prayers of the Earth*. Candlewick, 2009.

CHAPTER 3

이공(李空)
이세종 선생님

최광선

생태위기 앞에서 한국 그리스도교 영성의 초석을 놓은 이공(李空) 이세종 선생님(1880-1942)의 삶과 신앙을 생태영성의 관점에서 조명해 보려 합니다. 선생님은 구한말에 태어나 가난한 머슴 생활을 하며 재산을 축적하여 부자가 되었고, 일제 강점기인 1920년경 그리스도교 신앙을 받아들였습니다. 노나복 선교사에게 세례를 받은 선생님은 이후 자신을 이공(李空)으로 불리기를 원했습니다. 공(空)은 예수님의 가르침인 자기 부인과 가난, 순결과 사랑의 삶을 담는 그릇이라 여겼기 때문입니다. 1937년 선생님을 방문한 감리교 신학의 선구자 정경옥 교수는 "남도지방 화순이란 곳에 이상한 사람이 한 분 계시다. 그는 학식도, 지위도 없는 시골 농부다. 그러나 그가 그리스도의 사랑을 배운 후로는 그리스도를 위하여 모든 것을 버리고 곤고를 즐겁게 받고 있다." 정경옥 교수는 이공(李空)을 "조선의 성자"요, "숨은 성자"라 칭송했습니다.[1]

이세종 선생님은 신학자나 목회자가 아니었습니다. 스스로 글을 써서 남기지 않았고, 심지어 사진조차도 남기지 않았습니다. 그럼에도 한국의 호세아로 불리며 복음 안에서 절정을 이루며 피워 낸 청빈과 순결의 삶은 이현필 선생님과 강순명 목사와 최흥종 목사 등에게 영향을 끼쳤고, 한국 개신교의 자생적 수도 공동체인 동광원을 통해 계승 발전되었습니다. 영성사에서 선생은 한국 그리스도교 영성의 초석이며 출발점입니다.

이공(李空)의 영성에 주목하는 이유는 그의 회심, 삶, 가르침에 드러난 생태영성 때문입니다. 현재 그리스도교의 난제 중 하나는 그리스도인들이 지구가열화와 생명의 대량멸종 시대를 살아가면서도 무감각하며 무응답으로 일관하는 것입니다. 한국 영성사의 비조라 할 수 있는 이세종의 생태적 영성을 살펴봄으로써, 우리 시대에 필요한 미래를 향한 길잡이로 삼고자 합니다.

Ⅰ. 그리스도인이 되기까지

이공(李空)은 1880년 전남 화순의 도암에서 태어나 일제 강점기를 살았습니다. 그는 40세가 되던 1920년경 성경 말씀을 접하고, 그리스도인이 되었습니다. 선생님이 그리스도인이 된 것은 단순히 일회적 사건이 아닌 계속되는 회심의 과정이었습니다. 선생님은 중대한 변화를 거듭하며 예수를 믿는 사람이 아닌 예수의 삶을 사는 그리스도인(follower of Christ)이 되었습니다. 호남교회사를 연구한 차종순 교수에 따르면 선생님의 개종과 신앙발전 과정은 다음과 같습니다.[2]

> 첫째, 그는 개인적인 깨달음으로 기독교를 추구하였다.
> 둘째, 성경을 탐독하는 신앙 자세로 출발하였다.
> 셋째, 성경에 대한 영적인 깨달음을 문자적으로 실천하였다.
> 넷째, 극기적인 신앙으로 발전하였다.
> 다섯째, 재산을 나눠주고 극도로 가난한 청빈의 삶을 살았다.

이공(李空)이 그리스도인이 되어가는 과정을 회심이론에 따라 이해해보고자 합니다. 신학방법론으로 유명한 신학자 버너드 로너건은 신학을 한다는 것은 이론적이고 사변적인 것이 아닌 자기인식(self-knowledge)의 과정이라 하였습니다. 진지한 자기인식은 지적, 도덕적, 영적 회심으로 근본적이고 중대한 변화로 이끌어 간다고 본 것입니다.[3] 이공(李空)이 보여준 예수님을 닮은 삶을 회심 과정으로 바라보면, 선생님이 보여 준 영성의 깊이와 넓이를 이해하는 데 도움을 줄 것입니다.

선생님의 지적 회심은 성경묵상과 탐구에서 시작됩니다.

선생님이 처음 어떻게 그리스도인이 되었는지에 대한 이야기는 분분합니다만, 선생님이 예수 그리스도를 영접하는 중심에는 성경이 있었습니다. 자녀가 없었던 선생님은 자녀를 얻기 위해 산당을 차리고 치성을 받쳤다고 합니다. 성경을 접한 후, 성경을 묵상하며 자신이 했던 일이 부질없음을 깨닫게 되었습니다. 선생님이 그리스도인이 되어가는 과정에 성경이 결정적 전거를 제공한 것으로 보는 것은 은성수도원을 세우고 수도원적 영성 회복과 삶을 살아온 엄두섭 목사도 증언하는 바입니다.

로너건에 따르면, 지적 회심은 "근본적인 정화이며, 결과적으로 실재와 객관성과 인간 지식에 관한 지나치게 완고하며 오도하는 신화를 제거하는 것"입니다.[4] 선생님의 지적 회심은 자신이 경험하는 것, 질문하고 이해하는 것, 판단의 근거들을 성경 묵상과 기도를 통해 답을 찾는 과정이었습니다. 동광원 김금남 원장의 기억에 따르면, 선생님은 "성경을 들고 계시면 해가 뜨는지 해가 지는지도 몰랐다. 밤이면 성경을 암송하고 낮에는 인근 마을의 젊은이에게 성경을 가르쳤다"라고 합니다.[5]

성경을 배움에 있어 이공(李空)에게 스승은 오직 예수님뿐이었습니다. 선생님은 "예수님께 안 배우면 일천 년을 보아도 시끄럽다. 그러나 예수님께 배우면 깊고도 오묘한 뜻이 무궁무

진하다. 세상 과학적으로도 화학도 윤리학도 생리학도 철학도 알 수 있다"라고 말했습니다.[6] 예수님을 스승 삼아 이공(李空)은 진리를 깨닫게 되었고, 그 진리 안에서 자유를 누린 그리스도인이 되었습니다.

지적 회심은 자신이 살아온 세계 안에서 갖게 되었던 신념을 제거하는 것과 관련이 있는데, 이공(李空)은 말씀 안에서 만난 예수님을 스승 삼아 하나님과 세상과 사람을 새롭게 바라보게 되었습니다. 선생님은 "세상 지식은 알수록 사람을 교만하게 만드니 무식한 자가 오히려 낫다"고 하며 말씀을 깊이 묵상할 것을 강조했습니다. 선생님은 성경의 가르침과 예수님께서 보여주신 복음이면 충분하다고 여기며 정진했습니다.

묵상명상은 하나님께 나의 생각과 의지를 온전히 부합하게 하는 일이어야 한다. 신으로 하고 마음으로 할 것이다. 진정으로 간절함으로 할 것이요, 정성으로 철저히 할 것이다. 애걸복걸하는 마음이어야 한다. 하나님과 우리 사이에 원수가 되어 있으니 이것을 퇴각시켜야만 한다. 우주와 일치하는 사색을 붙들어야 한다. 파라, 파라, 깊이 파라. 옅게 파다가는 너 죽는다.[7]

이처럼 이공(李空)은 성경을 거울삼아 자신의 삶을 예수님과 일치시켰고, 진정한 마음으로 성경을 깊게 연구하여 우주와 일치하는 사색에 이르렀습니다. 자신이 전수받았던 문화-종교적인 틀을 확장하여 마침내는 그리스도교 신앙에 뿌리내려갔습니다.

지적 회심을 체험한 이공(李空)은 예수님을 그대로 따라 사는 도덕적 회심에 이르게 됩니다. 로너건은 "도덕적 회심은 우리의 결정과 선택의 기준을 만족에서 가치로 변화시킨다"라고 하였습니다.[8] 선생님은 그리스도교 신앙을 받아들인 후 결정과 선택의 기준을 개인적 만족이 아닌 철저히 삼위일체 하나님 중심의 가치로 전환시켰습니다. 수레기 어머니로 알려진 여제자 손순임의 증언에 따르면 선생님은 "거룩하신 하나님의 사람이 되는 것이 인생(人生)의 목적(目的)이었다"라고 가르쳤습니다.[9] 선생님에게 하나님의 사람이 되는 것이 인생의 목적이고, 그 길은 예수님을 따르며 본받는 삶이었습니다. 그러한 이공(李空)에게 예수님은 "내 속에 계신 이"였습니다. 선생님은 "세상의 영광과 영예를 버려야 한다. 이 세상에서 자기의 영광을 다 버리고 오직 예수님의 영광만을 드러내야 한다. 오직 내 속에 계신 예수님을 위한 것이다. 우리의 마음은 다 묻어버리고 주님의 마음을 가질 것이다"라고 했습니다.[10]

이공(李空)의 삶은 오직 예수님을 위하여 모든 것을 버리는 삶이었습니다. 그는 성경을 읽으면 읽는 그대로 실천함으로써 진리를 맛보았습니다. 선생님은 "단지 성경 연구를 위한 공부가 아니라, 한 번 읽고 한 번 실천하려는 주의였다. 그는 성경과 실제생활의 일치에 전력을 다하였다"라고 합니다.[11] 선생님은 사도행전 1장 8절을 읽은 후, 그 말씀을 실천하기 위해 인근 마을을 돌며 전도를 시작하였습니다. 삭개오에 관한 구절을 읽고는 선생이 타인에게 손해를 끼친 일이 있으면 뉘우치며 변상하였고, 자신의 재물을 다른 이들에게 조건 없이 베풀었다고 합니다. 로마서에 나오는 피조물의 신음에 관한 구절을 읽을 때, 제자 박복만이 깔고 앉아 뭉개고 있는 풀밭의 탄식 소리를 듣고 슬퍼하셨다고 합니다.

로너건은 도덕적 회심은 인간의 결정과 선택의 기준을 자신이 추구하는 만족에서 의미와 가치로 변화시킨다고 하였습니다. 예수님을 영접한 이공(李空)은 논과 밭을 늘리며 추구했던 인생의 만족을 내려놓고, 예수님을 따라 살아감으로써 인생의 참된 가치를 추구하였습니다. 선생님께서 자신을 이공(李空)으로 부른 것은 윤리적 회심을 이해하는 중요한 역할을 제공합니다. 폐결핵으로 동광원 생활을 했던 한국신학의 선지자 송기득 교수는 이공(李空)의 자기 비움을 "나는 이제부터 세속적인 욕망을 완전히 비워버리고, 예수의 뜻을 따라 살아야겠다"는 결의의 표현이었을 것이라 증언하였습니다.[12] 김금남 원장도 이공(李空)은 "모든 것을 다 버리셨다. 몸도 당신의 것이 아니었다. '주인이 알아서 하실 것이다'고 다 맡기셨다"라고 전합니다.[13] 선생에게 일어난 도덕적 회심은 결정과 선택의 기준이 자기 자신이 누릴 만족이 아닌 예수님이 누렸던 가치, 즉 예수님의 가난함과 자기 비움을 그대로 따름으로 보여주었습니다.

이공(李空)의 지적 회심과 도덕적 회심은 영적 회심과 함께 깊어져 갔습니다. 영적 회심은 궁극적 관심에 의해 포착되며, 내세적 사랑에 빠지는 것으로 영원한 자기 내어줌(self-surrender)과 관련이 있습니다. 그리스도인에게 영적 회심은 성령을 통해 주어진 하나님의 사랑 체험입니다. 선생님은 어느 해 겨울 이상한 병을 앓고 그 병에서 회복되는 과정에 신비한 체험을 했습니다. 엄두섭 목사는 『호세아를 닮은 성자』에서 "그때 그 순간, 이세종은 신비스러운 빛 속에서 예수님의 얼굴 반면(半面)을 보았다. 그것은 마치 영화관 스크린의 화면이 지나듯 했다. 이세종은 예수님의 형상을 보았다. 그와 동시에 전신에 초자연적 힘이 쏟아져 오는 것을 분명히 체험했다"라고 기록하였습니다.[14] 선생님은 자신의 체험을 "사람은 누구나 육신으로는 예수님의 형상을 볼 수 없다. 다만 성령의 조명하시는 빛이 내 안에 비칠 때에만

예수님을 보아내지, 그렇지 않으면 불가능하다"라고 고백했습니다.15

성령님의 은혜로 예수님의 얼굴을 바라본 선생님은 "그리스도 안에 있는 사람인데 영혼에게 성신을 보내서서 영이 성신을 힘입어 새로운 영이 되니 영과 성신은 일체다"라고 했습니다.16 선생님은 성령과 일체인 영혼은 자신이 경험한 먹는 문제, 입는 문제, 아는 문제 지식을 초월한다고 밝혔습니다. 선생님의 성령체험과 그에 대한 해석이 중요한 것은 현상적으로 드러난 어떤 것보다 실제 이공(李空)의 깊은 내면에서 겪었던 성령의 은총으로 얻게 된 일치의 역동성입니다. 하나님의 은총에 의해 타자를 향해 전적으로 개방하는 자기 초월 모습이나 사람과 자연에게 보여준 조건 없는 사랑은 하나님과 만물과 사람이 누리는 코이노니아를 보여줍니다. 그 안에 사랑이 있습니다. 선생님은 그리스도 안에 드러난 하나님의 사랑을 받아서, 자신의 삶 또한 하나님과 세상을 향해 온전히 드러내도록 헌신하는 삶을 살 수 있었던 것은 바울의 고백처럼 "우리가 받은 성령께서 우리의 마음속에 하나님의 사랑을 부어주셨기 때문이다(롬 5:5)"라고 볼 수 있습니다.

이공(李空)의 회심 과정을 살펴보았습니다. 선생님은 성경의 진리에 따른 지적 회심과 예수 그리스도를 따르는 가난과 자기 비움의 도덕적 회심과 성령 안에서 영적인 일치를 체험하며 철저하게 예수님을 닮아 갔습니다. 이제 선생님의 생태영성 측면을 살펴보겠습니다.

II. 이공(李空)의 생태영성

정경옥 교수는 이공(李空)을 "조선의 성자"라고 불렀고, 송기득 교수는 "오늘의 예수"라고 칭했습니다. 그런 이공(李空)에게 창조세계는 어떤 의미와 가치가 있었을까요? 이공(李空)의 생태영성을 토박이 영성, 생태적 그리스도, 그리고 창조세계를 거룩한 책으로 보는 특징과 함께 실천 삶(기도, 청빈, 순결)을 살펴보도록 하겠습니다.

1. 토박이 영성

우리에게 이공(李空)의 영성이 중요한 점은 토박이 한국인으로 신앙을 수용하면서 민족 고유의 생태적 정신을 융합한 점이라 할 수 있습니다. 제자 이현필은 『우리의 거울』에서 스승 이세종의 생태적 감수성을 다음과 같이 증언합니다.

그는 모든 만물을 한결같이 사랑하셨다. 특히 사랑은 더 잘 받는다고 하셨다. 가뭄에 식물에 물을 주시면서도 식물도 바른 인도를 잘 받지는 않으나 그래도 사람보다 낫다고 하셨다. 산길을 다니시면서 칡넝쿨이나 댕감넝쿨 같은 것은 다 치워 주시면서 길을 걸으셨다. 사람들의 발에 밟힐까 봐 염려하심이라. 풀포기 하나라도 뽑지 않으셨다. 예배당 뜰에 잡초라도 사람들이 뽑으려 하면 미구에 하나님께서 심판 내리실 터이니 그때까지 기다리라고 하셨다. 한 집에 계신 이가 풀포기를 뽑고 그 자리에 채소라도 심으려 하면 당신은 그 풀포기를 조심스레 손에 받들어 한갓진 데다 옮겨 심어 주셨다.[17]

선생님은 만물을 극진히 사랑했습니다. 독사를 죽이지 않고 조심스럽게 산으로 돌려보낸 일, 지네를 싸서 돌 틈에 넣어 준 일, 물에 빠진 쥐를 구해 준 일, 또는 이나 회충, 올챙이 등 만물을 귀한 생명으로 여긴 일화들이 많이 있습니다. 이공(李空)이 지닌 영성의 핵심에 생태적 감수성이 위치하고 있음을 보여주는 증거들입니다.

선생님의 생태적 감수성은 이 땅을 살아온 민중의 고유한 성품에서 비롯되었습니다. 이공(李空)은 화순 도암에서 생활하였고, 생가와 기도터는 개천산 중턱에 위치해 있습니다. 전형적인 시골 마을이며, 인근에 천불천탑 미륵불교의 운주사가 있습니다. 그는 회심하기 전 산당을 짓고 무당과 함께 제를 지내며 살았던 무속의 영향도 받았습니다. 그가 산당에서 제의를 실행할 때 보인 정성이나 그가 정원을 조성하고 물고기를 기르며 돌본 점을 생각하면, 그의 생태적 감수성의 한 요인을 토박이 한국인에서 찾는 것이 옳습니다. 동광원은 이세종의 영성을 "토박이 신앙영성"이라 소개합니다.[18]

> 이공 이세종 선생의 '토박이 신앙영성'이라 함은 수천 년 이 땅에서 살아온 토박이 한국인으로서 예수 그리스도를 통한 성령의 계시로 말미암아 살아계신 유일하신 참 하나님을 체험하고 일체를 하나님과 하나님의 말씀에 의지하여 살았던 절대의 순종생활입니다. 모든 욕심과 정욕을 벗어나 깨끗한 맘이 되어 하나님을 모시고 사는 청빈과 자비의 순결의 삶이었습니다.[19]

선생님이 보여준 생태영성의 특징은 그가 태어나고 생활했던 그곳과 분리될 수 없습니다. 선생님의 감수성은 한국인 토박이 신앙영성과 맥이 닿아 있습니다.

수천 년 동안, 이 땅을 살아온 이들에게 천지여아동근(天地與我同根)이나 만물여아일체(萬物與我一體) 사상은 이 땅을 사는 이들에게 이상으로 여겨졌습니다. 이공(李空)이 천지 만물을 대하는 태도를 돌이켜 보면 성리학의 비조로 알려진 주돈이나 장재 등을 쉽게 떠올리게 합니다. 정호가 주돈이에게 "선생님은 왜 창문 앞에 있는 잡초를 제거하지 않으십니까?"라고 물었을 때, 주돈이는 "잡초가 가진 의지는 내가 가진 살려는 의지와 같다"고 대답했습니다. 『서명』의 저자 장재가 "하늘을 아버지라 하고 땅을 어머니라 부르며 모든 사람은 나의 형제요, 모든 사물은 나의 가족"이라 합니다. 이공(李空)과 주돈이와 장재 등은 동북아시아인의 심성에 깊게 뿌리내린 유기체적 세계관 위에서 가능한 이야기라 할 것입니다. 우주에 존재하는 모든 것은 분리된 기계적 부분들이 아닌 하나의 거대한 통전적 단위로 이루어진 것입니다. 자연이 인간과 분리되어 있는 존재가 아니라 서로 깊게 연결된, 서로의 존재 안에 스며들면서 소우주와 대우주로 연결되어 있다고 인식한 것입니다.

　선생님이 기도 중에 들었던 영음 "도인(道人)은 화려하면 못 쓴다"거나 이공(李空)의 마지막 때, 마치 도인처럼 곡식을 안 먹고 공기만 먹고 삶을 연명하는 모습은 엄두섭이 말한 것처럼 "동양적 신선냄새가 나는 기독교인"이라고 평하기에 손색이 없습니다.[20] 조선말-일제 강점기를 사셨던 이공(李空)에게 동양인의 뿌리를 지워버릴 필요는 없다고 생각합니다.[21] 선생님의 생태적 감수성은 이 땅 토박이 민중들에게서 읽혀지는 유기체적 세계관에서 비롯한 인간과 자연이 맺는 불이적 관계에 근거했다고 볼 수 있습니다.

2. 생태적 그리스도

이공(李空)이 토착화 영성에 깊이 뿌리를 내리고 있다고 할지라도 그의 영성과 삶의 열매는 그리스도교 영성 전통에서 더욱 빛을 발했습니다. 생태영성을 주장하는 이들이 겪는 어려움 중 하나는 예수 그리스도의 가르침과 생태적 가르침의 연결입니다. 예수님의 사역과 관심은 외관상 창조세계보다 인간에게 더 집중되어 있는 것으로 보이기 때문입니다. 그러나 예수님의 구원사역은 창조세계와 분리되지 않았음에 주목할 필요가 있습니다. 마가복음에 따르면 예수님은 공생애를 시작하기 전 세례를 받고 광야로 인도되어 시험을 받습니다. 그 후 예수님은 "들짐승과 함께 계셨다"라고 합니다. 들짐승과 함께 계신 예수님은 이사야 11장에 예언된 메시아 시대의 사람 사회뿐만 아니라 사람과 동물 세계가 맺는 친밀함의 회복을 보여준다고 할 수 있습니다.

예수님은 공생애 기간에도 틈틈이 자연 속으로 물러나 기도하시는 모습을 보여줍니다(막 1:35; 눅 5:16). 예수님은 산과 들과 호수로 둘러싸인 자연 속에서 제자들과 함께하셨고 사람들을 가르치며 치유하셨습니다(마 5:1, 13:1, 14:13-21; 막 4:1; 눅 9:10-17; 요 6:1-13 등). 그뿐만 아니라 자연 현상과 연결하여 하나님 나라를 비유로 풀어 설명하셨습니다. 이런 모습은 예수의 생태적 감수성과 창조세계와 맺었던 친밀한 관계를 잘 보여줍니다.

생태적 감수성이 풍부했던 이공(李空)은 예수님을 어떻게 이해하였을까요? 이공(李空)에게 예수님은 스승이요, 고난당하신 예수요, 가난의 예수요, 죄인의 친구요, 남편이었습니다. 선생님은 "고생을 당하신 예수, 십자가에서 고난당하신 예수가 죽으면 예수를 따라가자. 의심 말고 따라가자"라고 말했습니다.[22] 이공(李空)은 예수님의 말씀을 그대로 실천하려고 노력했고, 예수님이 당하신 고난을 그대로 당하고자 했습니다. 이공(李空)에게 예수님의 가난이 자신의 가난이었고, 예수님의 자기 내어줌은 인생의 가치가 되었습니다.

이공(李空)에게 예수님은 "우리 안에 거하시는 예수님"이었습니다. 이공(李空)은 신랑 된 예수님의 죽음을 통해 우리 자신의 죄와 악에 대한 죽음을 경험하였으며, 부활을 통해 의로움과 선함이 우리에게 상속되었다고 고백했습니다. 예수님의 부활은 우리의 부활입니다. 선생님은 "예수와 한 몸을 이룬 것이다. 하나님의 아들의 영이 [없으면] 그리스도의 사람이 아니다. 그가 거룩하니 우리도 거룩할 것이다"라고 설교했습니다.[23] 그뿐만 아니라 이공(李空)은 위에서 언급했듯이 예수님을 "내 안에 계신 이"로 이해했습니다. 그는 "세상의 영광과 영예를 버려야 한다. 이 세상에서 자기의 영광을 다 버리고 오직 예수님의 영광만을 드러내야 한다. 오직 내 속에 계신 예수님을 위한 것이다. 우리의 마음은 다 묻어버리고 주님의 마음을 가질 것"이라 가르쳤습니다.[24] 선생님은 바울의 고백처럼 "내 안에 사는 이 예수 그리스도"를 이 땅에서 보여주었습니다.

이공(李空)이 보여준 예수님에 대한 믿음과 상호내재적 관계는 그의 영성이 구원 중심적 영성에 머물지 않고 생태적 그리스도에 대한 영성의 뿌리가 되었습니다. 이공(李空)은 예수님을 "어머니"라 부르기도 하고, "우주의 마음"이라 말하기도 합니다. 그는 지혜서의 지혜를 예수님으로 이해하며 "잠언 14장 1절에 지혜 있는 여인이 있는데 그 여인은 우리 어머니라는 뜻이다. 예수님은 우리의 어머니도 되신다"고 하였습니다.[25] 이공(李空)에게 예수님은 사람을 불쌍히 여기는 예수님을 넘어서, "만물도 예수 안에 들어있다. 그것은 예수님의 마음이 만물 중에 계심이며, 만물이 예수님 심중에 있다. 주 예수의 마음은 만물을 불쌍히 여기는 마음이 계시므로 만물과 함께함이다"라고 확장시켰습니다.[26] 범재신론(panentheism)과 비견된 범재예수론(pan-en-jesus)을 보여주었습니다. 즉 만물이 예수님의 마음 안에 있기에, 이공(李空)은 만물을 예수님의 눈으로 본 것이었습니다. 우리도 만물 안에서 예수님의 현존을 바라볼 수 있을까요?

중세의 신비가 힐데가르트 폰 빙엔(1098-1179)은 우주를 공기, 불, 에너지와 같은 층으로 둘러싸인 원형이나 달걀형으로 보았습니다. 이공(李空)도 우주만물을 계란에 비유했고, 그 중심을 예수 그리스도의 마음으로 보았습니다.

> 육체와 천지만물이 계란과 같으며, 밖으로는 전부 계란껍데기와 같이 싸여있고 성자는 그 속에 마음이다. … 잠언에 성자는 말씀이다. 하나님 경륜이다. 성자는 모든 마음에 영이다. 성령은 거기 경륜에 통변이 되신다. 성부, 성자, 성령은 하나님과 일체이시다.[27]

선생님은 삼위일체 안에서 성자의 자리를 모든 존재의 중심 마음으로 바라보았습니다. 예수님은 만물의 마음으로 연민과 긍휼입니다. 이공(李空)이 인간과 천지만물 즉 우주를 계란으로 묘사하고, 이 모든 것의 중심을 성자의 마음으로 표현한 것은 천지만물의 중심을 성자 예수님으로 본 것은 오히려 신비적이기까지 합니다.

이공(李空)은 신학을 공부한 신학자도 아니었고 목회자도 아니었습니다. 그는 성경을 읽고 묵상하는 가운데 자신의 삶 안에서 체험한 예수님에 대한 이야기를 들려준 것이었습니다. 신학적이며 논리적인 설명에 한계가 있으나 그보다 더 중요한 것은 자신이 경험한 예수님을 그대로 살고자 했기에 가치가 큽니다. 그가 예수님을 어머니로 이해한 것이나 천지만물을 계란의 형상으로 이해하고 그 중심을 예수님으로 본 것은 생태영성이 추구하는 핵심과 맞닿아 있습니다. 사람과 피조세계가 맺는 관계와 우리가 예수님과 맺는 관계가 분리될 수 없음을 보여주기 때문입니다. 학교 문턱도 밟지 않았고, 스승도 없었던 이공(李空)의 깨우침과 가르침은 가히 놀랍기만 합니다.

3. 만물은 하나님 찬양대

생태위기에 직면한 현시대의 어려움은 창조세계를 인간의 필요와 소비를 위한 대상으로 보는 것입니다. 창조세계가 가진 가치와 의미는 사라지고 물질로 전락한 자연은 인간의 유익과 사용의 도구가 될 뿐입니다. 그러나 이공(李空)이 보여준 생태영성은 현시대를 극복할 생태적 지혜를 제공합니다. 선생님이 이 땅에서 보여 준 생태적 감수성과 영성은 그리스도교 신앙을 통해 더욱 깊어지며 확장되었습니다. 이공(李空)의 생태영성은 성경에 깊은 뿌리를 두고 있으며, 성령의 조명하신 빛 안에서 만물 안에 내재하는 그리스도에 대한 사랑과 응답이기 때문입니다. 그 응답은 바로 이공(李空)이 만물이 하나님께 드리는 찬양을 몸소 체험하며 보여주었던 환희와 감격의 외침 "만물들아 하나님의 은혜를 찬양하자"로 요약됩니다.

이공(李空)은 "하나님의 은혜는 풀잎 가운데도 계시며 예수님이 주인이시다"라고 가르쳤습니다. 선생님은 "우거진 풀포기를 보실 때 기뻐하였다. 인간들의 욕심으로 너를 몇 번이나 찍었으련만 하나님의 자비가 너를 막아주셨으니 너도 조물주의 은혜에 감사하라 하셨다. 우거진 산천을 바라보시며 한량없이 기뻐하셨다"라고 합니다.[28] 선생님은 은혜가 충만한 세상을 바라보았습니다.

산에 가도 하나님의 은혜뿐이다. 은혜가 가득하다. 우거진 풀을 봐도 알 수 있다. '세상 법이 아니면 세상 악마들이 너를 몇 번 욕심내어 살해했으련만 은혜의 시대라 하나님의 명령으로 법이 너를 보호했으니, 너도 하나님의 은혜에 감사하라' 그러면서 풀을 쓰다듬었다. 너울거리는 풀잎 하나라도 하나님이 거저 주시는 은사가 아니라면 살 수가 없다. '너도 하나님의 영광을 잘 드러내는구나' 하셨다.[29]

이공(李空)은 풀잎, 우거진 숲, 산천을 바라보며 하나님의 은혜를 더욱 깊이 깨닫는 생태적 시인이었습니다. 모든 존재가 하나님의 은혜에 힘입어 하나님을 찬양하는 찬양대원으로 본 것입니다.

III. 생태영성의 뿌리

1. 기도와 명상

이공(李空)은 기도와 청빈, 그리고 순결을 씨줄과 날줄로 엮어 토박이 생태영성의 삶을 사셨습니다. 선생님은 산당의 골방이나 움막에서 지내면서 하나님과 깊은 친교의 시간을 보냈습니다. 매일 일과는 명상이 큰 부분을 차지했습니다. 선생은 "큰 바위 위에 앉아서 손으로 턱을 고이고는 파란 하늘만 이리저리 바라보며 매일 소일하였다"라고 합니다.[30] 엄두섭 목사는 이공

(李𥘅)을 프란체스코에 비교하며, 이공(李𥘅)은 자연계와 만물이 하나님을 찬양하는 환희의 감격을 몸소 느꼈다고 진술합니다.

이공(李𥘅)의 명상과 기도는 하나님과 창조세계와 분리되지 않았습니다. 그는 그리스도 안에서 모든 이가 새로운 피조물임을 가르치며, 거듭난 영혼에게 심령으로 기도하고 선한 마음으로 찬양하라고 가르쳤습니다.

신령으로 기도할 것이다. 이것이 합리적 예배다. 참으로 하나님의 거룩하신 일, 나에게 베푸시는 일을 찬송하는 것이다. 의식이 아니요. 말만이 아니요. 소리 나는 곡조만이 아니다. 우주의 곡조에 맞추는 찬송이요, 우주의 공법에 합당한 기도다.[31]

이공(李𥘅)에게 하나님께서 기뻐하시는 기도는 신령으로 드리는 기도이며 우주의 곡조에 공명하는 기도입니다. 우주의 곡조와 우주의 공법은 창조세계 전체를 통해 드러낸 하나님의 질서와 현존에 대한 자각에서 일어난 것으로 생각됩니다. 선생님은 성경을 묵상하며 명상할 때도 "우주와 일치하는 사색을 붙들어야 한다"고 가르쳤습니다.[32] 이러한 이공(李𥘅)의 가르침은 하나님과 만물과 사람이 분리될 수 없음을 보여줍니다. 그의 제자 이현필은 "개체 완성이 우주완성"이라고 가르침으로 이공(李空)의 우주적 일치를 더욱 구체화시켰습니다.[33]

2. 자발적 청빈사상

이공(李空)이 창조세계를 대했던 태도는 일찍이 그리스도교 영성가들이 창조세계를 거룩한 하나님의 책으로 대했던 것과 비슷합니다. 선생님은 자연을 긍휼과 연민으로 대했으며, 우주적 합창단으로 보았습니다. 만물을 깊이 사랑하고 함께 찬양하기 즐겼던 이공(李空)을 송기득 교수가 "오늘의 예수"라 칭했듯이 생태적 예수라 부를 수 있을 것입니다.[34] 그리스도교 영성사에서 이와 같은 평가를 받은 이가 프란체스코 성인이었습니다. 성인은 기독교 역사상 가장 예수와 닮은 인물이라 평가를 받습니다. 프란체스코 성인을 이해하는 데 중요한 부분은 그분의 청빈사상입니다. 단테는 『신곡』에서 프란체스코를 가난부인(Lady Poverty)과 결혼한 것에 비유했습니다.

> 첫 번째 신랑[그리스도]의 과부인 가난부인은
> 1,100년 이상 그[프란체스코]에 이르기까지
> 구혼자 없이 멸시받고 어둠 속에 남아 있었네

위 이야기는 프란체스코 성인이 그리스도의 가장 중요한 가르침인 가난과 청빈한 삶을 그대로 체현하셨기 때문입니다. 이공(李空) 또한 프란체스코 성인과 같았습니다. 이공(李空)은 "예수께서는 우리를 위해 가난하였은즉 우리도 예수님을 위하여 가난해야 할 것"이라 설교하셨습니다."[35] 선생님은 가난과 청빈을 통한 비움의 삶을 바로 실천하였습니다. 그는 말하기를, "나는 이제부터 세속적인 욕망을 완전히 비워 버리고, 예수의 뜻을 따라 살아야겠다"고 하였습니다. 선생님은 모든 재산을 이웃들에게 아낌없이 나누어 주었고, 세상을 떠날 때는 가마니 한 장, 십자가 고상 하나, 그리고 마지막 몸에 걸쳤던 거지 옷이 전부였습니다. 머슴을 살면서 백 마지기 넘는 땅을 소유했던 부자 이세종은 죽고, 스승 되신 예수님이 가신 그 길을 따라 가난과 청빈의 삶을 살았습니다. 이공(李空)의 가난은 그리스도의 가난이었고, 가난한 자가 복이 있다는 주님의 가르침을 그대로 실천함으로 누렸습니다.

3. 금욕적 순결

이공(李空)을 호세아라 부르기도 했습니다. 선생님은 호세아 선지자처럼 집을 나가 다른 남자와 살림을 차렸던 부인을 두 번이나 데려와 함께 지냈기 때문입니다. 그럼에도 선생은 철저한 금욕생활을 하며 순결을 강조하였습니다. 선생의 가르침을 따라 제자 이현필, 수레기 어머니, 강신명 목사, 최흥종 목사 등 많은 제자 또한 이 순결의 걸음을 걷게 되었습니다. 이공(李空)은 에덴동산과 타락에 관한 강의를 통하여 순결사상을 고취시켰습니다.[36] 또한 성경의 가르침에 충실했던 선생은 부부생활을 허용하면서도 처녀와 독신자로 지내는 삶이 더욱 값지다고 가르쳤습니다. 선생님은 임종을 앞두고 바지를 벗고, 아래를 노출한 채 "정욕만 없으면 지상천국"이라 하기도 했습니다. 그는 이어 말하기를 "일생 모든 정욕을 끊고 순결하게 살아온 사람은 어린아이의 성품처럼 천진난만하다. 어린아이들은 발가벗고도 부끄러운 줄 모르는 법이다"라고 하였습니다. 선생님의 금욕적 순결을 잘 보여준 면모였습니다.[37]

이공(李空)의 기도, 가난, 그리고 순결한 삶의 태도는 욕망에 눈이 멀어 창조세계를 무참히 파괴하고 있는 오늘 우리에게 새로운 길을 제시합니다. 보나벤투라가 말하듯이, 사람이 성숙하고 순결한 상태에 더 가까이 나아갈수록, 피조물들이 사람에게 더 온순해지고 사람은 피조물을 향해 더 큰 애정을 느끼게 됩니다. 바로 프란체스코 성인이 그렇습니다. 보나벤투라는 "그[프란체스코는 어느 정도 이러한 순결한 상태로 돌아갔기 때문에 동물들에 대해 경이롭도록 다정한 애정으로 흘러넘쳤다"라고 전했습니다.³⁸ 이공(李空)의 영성생활 또한 같은 맥락에서 이해가 됩니다. 선생님은 하나님과 창조세계, 그리고 사람이 맺는 항구히 깨뜨릴 수 없는 친교를 사셨습니다. 그렇기에 그분께서 보여주신 기도, 청빈, 순결한 삶은 생태위기를 근본적으로 극복할 수 있는 힘이라 여겨집니다.

글을 맺으며

우리 시대는 삶의 질이 문제가 아니라 생존 자체가 문제입니다. 미국의 저명한 신학자 쟌 캅 교수는 『영적인 파산』에서 "인류 전체가 미쳐있다"라고 진단합니다.³⁹ 생태사상가 토마스 베리는 현재 인류를 자연과 친교를 이루지 못하는 문화적 자폐증에 걸린 이들이며 그 결과 생명 발흥의 시대였던 신생대가 끝나간다고 진단했습니다.⁴⁰ 그럼에도 교회와 그리스도인들은 생태위기 앞에 무기력하게 대응하거나 침묵하면서 외면하고 있습니다.

나는 이공(李空) 선생님의 기도터를 찾아가고는 하였습니다. 고인이 되신 한영우 장로님과 임실에 계시는 심상봉 목사님께서 이공(李空) 선생님과 이현필 선생님의 이야기를 하실 때면 토박이 한국인의 영성이 얼마나 크고 넓고 깊은가를 생각하고는 하였습니다. 이공(李空)의 삶을 따르고자 화순 도암에 있는 이공(李空)기도터를 지켰던 심상봉 목사님은 이공(李空)의 생태적 영성을 천지여아동근(天地與我同根) 만물여아일체(萬物與我一體)로 요약했습니다. 이공(李空)은 창세기를 읽고 위 진리를 터득했다고 하셨습니다. 이공(李空)은 한국인 토박이의 생태적 감수성을 지녔고, 그리스도교 신앙을 받아들인 후 그분의 눈에 비친 창조세계는 하나님의 현존과 은혜로 충만했습니다. 이는 한국 그리스도교 영성이 지녀야 할 토박이 영성과 그리스도교 영성의 융합을 잘 보여주는 효시라 하겠습니다. 이공(李空)께서 사셨을 당시 한국을 방문한 독일인 베네딕도회 총아빠스 노르베르트 베버는 1911년 2월 21일부터 6월 24일까지 125일 동안, 이 땅을 관찰하고 기록하였습니다. 100년 전 이 땅의 자연과 사람이 어떤 관계를 맺고 살았는지를 생생하게 보여줍니다.

한국인은 꿈꾸는 사람이다. 그들이 자연을 꿈꾸듯 응시하며 몇 시간이고 홀로 앉아 있을 수 있다. 산마루에 진달래꽃 불타는 봄이면, 그들은 지칠 줄 모르고 진달래꽃을 응시할 줄 안다. …… 색이 나날이 짙어졌다. 한국인은 먼 산 엷은 푸른 빛에 눈길을 멈추고 차마 딴 데로 돌리지 못한다. 그들이 길가에 핀 꽃을 주시하면 꽃과 하나가 된다. 한국인은 이 모든 것 앞에서 다만 고요할 뿐이다. 그들은 꽃을 꺾지 않는다. 차라리 내일 다시 자연에 들어 그 모든 것을 보고 또 볼지언정, 나뭇가지 꺾어 어두운 방 안에 두는 법은 없다. 그들이 마음 깊이 담아 집으로 가져오는 것은 자연에서 추상해 낸 순수하고 청명한 색깔이다.[41]

뱃길로 여러 달을 걸쳐 한국에 도착한 독일인 눈에 비친 한국인은 자연을 사랑하는 민족이며, 자연과 하나 되어 자연의 장엄함을 간직한 사람들이었습니다. 한 독일인 아빠스의 눈에 비친 한국인은 이공(李空) 이세종 선생님이었을 것이라는 상상을 해 봅니다. 이공(李空)은 하루 대부분의 일과를 깊은 명상으로 보냈고, 자연과 하나 되는 삶을 사셨기 때문입니다. 이공(李空) 이세종 선생님을 보며 오늘의 생태적 예수님을 떠올려봅니다. 그분은 하나님과 만물과 사람의 친밀한 사귐을 보여주었기 때문입니다. 이공(李空)은 예수님을 본받아 따르는 이들이 창조세계와 어떤 관계를 맺어야 하는지 몸소 보여주었던 오늘의 예수입니다.

■ 참고 문헌
김금남. "이세종선생." 『동광원 사람들』. 도서출판 사색, 2007.
김춘일언님 구술정리. "성자 이세종 선생님의 제자 수레기 어머니의 신앙고백." 미간행기록물.

베버, 노르베르트. 『고요한 아침의 나라』, 박일영·장정란 옮김. 왜관: 분도출판사, 2012.
보프, 레오나르도. 『생태신학』, 김항섭 역. 서울: 가톨릭출판사, 1996.
로너간, 버나드. 『신학 방법』, 김인숙·이순희·정현아 옮김. 서울: 가톨릭출판사, 2011.
송기득. "비움(空)의 사람 이세종과 맨 사람 예수: 이세종의 '나눔의 삶' 중심으로." 2013년 3월 15일.
스윔, 브라이언·토마스 베리. 『우주이야기: 태초의 찬란한 불꽃으로부터 생태대까지』. 맹영선 옮김, 서울: 대화문화아카데미, 2008.
알트, 프란츠. 『생태주의자 예수』, 손성현 옮김. 서울: 나무심는사람, 2003.
엄두섭. 『호세아를 닮은 성자: 도암의 성자 이세종 선생의 일대기』, 서울: 은성, 1987.
오복희. "이세종 설교집." 설교 수기록.
윤남하. "묻혀진 거룩한 혈맥을 찾아: 이야기(3)." 『현대종교』 4(1992): 26-40.
이덕주. "귀일원 2009 수련회 노트."
차종순. 『성자 이현필의 삶을 찾아서』, 광주: 대동문화재단, 2010.
Bonaventura, *Commentaria in tertium librum sententiarum*, Opera omnia, t. III, dist. 28, art. un., q.1.c. (Quaracchi: Collegium S. Bonaventurae, 1887), 622. 재인용 한국교회환경연구소·한국교회사학회 엮음. 『기독교 역사를 통해 본 창조신앙 생태영성』, 서울: 대한기독교서회, 2010.
Luther, M. *Martin Luther on Creation,* 재인용 Caesar Johnson, *To See a World in a Grain of Sand.* Norwalk, Conn: C.R. Gibson Company, 1972.
Panikkar, Raimon *A Dwelling Place for Wisdom.* Louisville: Westminster/John Knox Press, 1993).
Steffen, Will, Jacques Grinevald, Paul Crutzen, and John McNeill. "The Anthropocene: conceptual and historical perspectives." *Philosophical Transactions of The Royal Society A* 369 (2011), 842-867.
"동광원의 영성," http://dkw.gwiilwon.or.kr/ Accessed on Nov 20, 2014.
"Confession of Faith," Accessed on Jan 9, 2014: https://www.urcna.org/sysfiles/site_uploads/custom_public/custom2642.pdf

CHAPTER 4

'헌신짝'
이현필 선생님

김영락

"오 기쁘다. 기쁘다.

오 기뻐! 오매 못 참겠네.

아이고 기뻐라!" (천국 가는 날 고백, 1913-1964)

"주님 저는 주님의 십자가를 지고 갑니다.

이 기쁨을 종로 네거리에라도 나가서 전하고 싶네.

다음에들 오시오!"

Ⅰ. 이현필 선생님의 삶과 생애

    이현필 선생님은 1913년 전남 화순군 도암면 권동리에서 둘째 아들로 출생하였으며, 가정이 가난하여 보통학교에서 4년간 제도교육을 받고, 12세에 고향을 떠나 영산포로 가서 장사를 시도했습니다. 그곳에서 일본의 무교회주의자 우찌무라 간조를 따르던 평신도에게 전도를 받아 교회를 다니고, 그 교회에서 유년주일학교 교사를 하기도 했으나 곧 고향으로 돌아왔습니다.

14세에 고향에 있는 방산교회에서 이세종 선생님을 만났습니다. 33년 연상인 이세종 선생님은 그리스도인이 된 이후에, 억척같이 머슴살이하며 벌었던 모든 재산을 가난한 자들에게 나누어 주며, 성경 말씀을 문자대로 따라 사는 도인이었습니다.

이현필 선생님은 이공(李空) 이세종으로부터 성경을 배우며, 결혼을 포기하고 독신으로 사는, 순결사상을 배웠습니다. 이현필 선생님은 21세에서 23세까지 광주 재매교회(현재 신안교회)에서 전도사로 사역하고, 그 후 서울에 올라가 2년간 YMCA에서 영어 공부를 하며, 유영모 선생님 등과 교제를 하였습니다. 25세(1938년)가 되었을 때, 스승의 가르침을 어기고 결혼했으나 첫아기가 자궁 외 임신이 되어 아내만 겨우 목숨을 건지는 어려움을 겪고서, 부부생활을 중단하고, "순결"하게 살기로 결심하였습니다. 스승 이세종 선생님의 가르침을 받으며, 27세에 고향의 깊은 산속에 들어가 2년간 기도에 정진하였습니다.

이현필 선생님은 29세부터 전북 남원 지리산 자락으로 옮겨, 사람들에게 성경을 가르치며 함께 농사를 지으면서 수도공동체 생활을 시작하였습니다. 선생님은 성령 충만하여 짧은 시간에 많은 추종자가 생겨서 산중에 부인, 소년, 소녀들이 모여 움막을 짓고, 조악한 먹거리로 끼니를 때우고, 성경을 배우며 수도의 삶을 살았습니다. 이것이 우리나라 최초의 개신교 수도공동체가 되었습니다.

당시에 교회 지도자들의 신사참배 문제 등으로 참된 신앙의 삶에 대해 회의하던 교인들이 선생님의 가르침에 감동하여 기성 교회를 등지고, 심지어는 가정까지 버리고 선생님을 따라 나섰습니다. 지역 목회자들은 이 공동체를 '산중파'라며 이단시했었으며, 남겨진 가족들이 공동체에 들어온 식구들을 찾으러 와서 거세게 항의하기도 했습니다.

이현필 선생님은 33세(1946년)에 공동체의 일부가 남원에서 광주로 이주하여 광주 YMCA 구내에 머무르며 YMCA의 정인세 총무와 교제하였으며, 후에 정인세 총무는 이 공동체에 들어와 원장이 되었습니다. 1948년 여수·순천 사건으로 많은 고아가 발생하였고, 선생님은 1949년에 화순 도암에서 고아들을 돌보기 시작했으며, 1950년에는 광주에 고아들을 돌보기 위한 고아원이 생겼는데 그 이름이 동광원(東光院)이었습니다. 동광원을 선생님과 그 제자들이 주축이 되어 섬기게 되었고, 후에 고아원은 없어졌으나 동광원이라는 이름은 공동체의 이름이 되어 지금까지 이어지고 있습니다.

1948년에는 유영모 선생님과 서울 YMCA의 현동완 총무가 광주로 이현필 선생님을 방문하여 그 공동체의 신앙집회에서 강연도 하며, 교제하였습니다. 유영모 선생님은 그 후로 매년 동광원 총회에 참석하여 한학을 중심으로 강의하였는데 사람들은 이해하기가 어려웠으나, 선생님은 그 강의를 "한 마디 한 마디가 피투성이다"라고 평하며 유영모 선생님을 존경하였습니다.

선생님은 1949년 광주에 여러 사람들의 희사로 공동체의 집이 건축되어 이주하였으며, 한편 서울 근교에는 서울 YMCA 현동완 총무의 초청과 지원으로, 능곡에 거처를 마련하여 남녀 청년들이 수도생활을 시작했습니다. 후에 그중 일부가 고양시 계명산으로 진출하여 수도원이 생기게 되었습니다. 능곡에서 청년들은 엄격한 규율 아래 강한 훈련을 받았는데, 주로 농사, 탁발, 기도와 성경 공부를 했으며, 전도대를 조직하여 맨발로 탁발하며, 남도 일대를 순회하며 전도하기도 했습니다.

1951년 정인세 총무가 화순군 도암면 어느 산골에서 벙어리 수도를 하던 선생님을 찾았을 때 종이에 귀일원(歸一院)이라고 쓰고, "하나님께 돌아가 하나 되어, 오갈 데 없는 사람들이 쉬어갈 수 있는 공동체"를 만들도록 했습니다. 이것이 현재 광주에 있는 장애인 시설인 사회복지법인 귀일원이 되었습니다.

선생님은 1951년 이후 결핵환자를 돌보다가 자신이 폐병에 걸렸으나 오히려 감사하며, 병약한 몸으로 엄격한 수도생활을 하며 제자들을 훈련시킴으로 전국에 10여 곳에 수도 공동체가 생겼습니다. 그곳은 서울, 능곡, 고양, 남원, 곡성, 광주, 화순, 함평, 진도, 해남 등이었으며, 이곳에서는 농업으로 자립하며, 기도, 성경공부, 구제 사업 등에 힘썼습니다.

1957년 선생님에게 많은 저명인사가 찾아와 말씀을 들었습니다. 당시에 결핵환자가 매우 많아 광주에 사는 인사들이 모여, 이들의 요양을 위한 시설을 만들었는데 선생님이 시설을 운영하였으며, 그곳에 100여 명의 환자들이 수용되기도 했습니다. 선생님은 1961년에는 화순군 도암에 머물면서 병원에 가지 못하는 산중의 환자들을 심방, 전도하며, 의료봉사대를 초청하여 치료를 받게 하였습니다. 또한 협동조합을 조직해 공동생활로 협력하며, 산에 나무를 심고, 유실수를 권장하고, 하나님을 믿고 서로 의지하며 바르게 살자는 농촌운동을 펼쳤습니다. 1964년 (51세) 선생님은 몸이 극도로 쇠약해지자, 광주에서 고양시 계명산 분원으로 올라와 일주일간 집회를 하고서 3월 18일에 하나님의 부르심을 받았습니다.

현재 동광원의 본원은 남원시 대산면에 위치하며, 40여 명의 식구들이 살고 있습니다. 광주 귀일원에 20여 명, 화순군 도암면에 4명, 고양시 계명산에 4명이 생활하고 있습니다. 남원 본원에 이현필 선생님의 기념관이 있으며, 산소는 고양시 계명산 분원에 있습니다.

동광원 내부에서 언님들이 안정적으로 수도할 수 있도록 가톨릭의 울타리 안에 두자는 흐름이 생겨서, 동광원의 언님들 중의 일부는 가톨릭으로 개종하여 광주 귀일원 옆에〈소화 데레사 자매원〉이라는 이름으로 수녀원을 이루어 수도생활을 하고 있습니다.

II. 십자가 영성의 뿌리

1. 사랑

"만물은 내 지체요, 인류와 이웃은 내 몸이다"라고 말한 선생님은 제자들을 끔찍이 사랑하였고, 모든 생명체를 또한 사랑하였습니다. 그리하여 살생을 하지 않았으며 고기를 드시지 않았습니다. 제자 중에 하나라도 시험에 들어 방황할 때면 몸이 아픈 중에도 금식하며 기도하였는데, 특히 감동적인 것은 선생

님이 임종을 하는 순간에도 어느 여제자가 결혼과 수도의 갈림
길에서 수도생활을 포기할 위기에 있는 것이 안타까워 온몸이
열이나고 숨이 가쁜 상태에서도 "생각해 보셨습니까? 어떻게
하시렵니까?"라며 결단을 재촉하였습니다. 선생님은 어린이에
게까지 존댓말을 썼는데, 그 이유는 어린이 안에 계신 예수님을
생각했기 때문입니다. 심지어는 자기 조카에게도 존댓말을 했
습니다.

김 집사라는 제자가 한겨울에 지리산 어느 절벽 위에 기
도막을 지어 놓고 3개월 동안 특별기도를 하고 있었습니다. 어
느 날 누가 선생님에게 팥떡을 가져왔는데, 그는 지리산에서 기
도하고 있는 제자를 생각하고 그 떡을 가지고 한밤에 지리산을
올라갔습니다. 눈 내린 산길을 고무신은 옆구리에 끼고 맨발로
40리를 걸었습니다. 밤새 걸어 제자가 기도하는 기도막에 이르
렀는데, 혼자 기도하고 있는 제자가 놀랄까 봐 근처에서 조용히
찬송가를 불렀습니다. 제자는 천사가 온 줄로 생각하고 문을 열
고, 절을 하며 나왔습니다. 나와 보니 자기 선생님이었습니다.
그는 선생님의 사랑에 감동되어 후일에도 그 일을 눈물을 흘리
며 얘기하였습니다.

선생님은 인적이 드문 곳에서는 맨발로 걷기를 자주 하였

습니다. 그 이유는 모세가 호렙산에서 하나님의 부르심을 받았을 때 신발을 벗은 것과 같은 심경이었다고 합니다. 또는 자신의 죄인 됨을 생각했기 때문일 것이라는 견해도 있습니다. 한 번은 겨울에 남원에서 광주로 두 여 제자와 함께 갈 때에도 마을을 벗어나서 고무신을 벗어들고 걸으니 여제자 김금남도 발을 벗고 따라갔습니다. 처음에는 엄두가 나지 않았으나, 하늘같이 존경하는 선생님이 그리하시니 따라서 할 수밖에 없었고, 또 그리 해 보니 힘들었으나 할 수 있었습니다.

선생님과 제자들은 4-5일 걸리는 거리를 가며 탁발하였으나 여의치 않았습니다. 더구나 잠잘 방을 구하는 것은 더욱 어려웠습니다. 다행히 교회 집사님의 집을 알게 되어 들어가서 대화를 하는데, 집주인이 선생님에게 "예수님을 믿으십니까?" 하고 물으니, 대답하기를 "믿어보려고 합니다" 하며 작은 목소리로 대답했습니다. 그는 이어서 광주에 이현필이라는 잘 믿는 분이 계신다는 소리를 들었다고 말했으나, 선생님은 묵묵부답이었고, 제자가 나중에 안 주인에게 이분이 그분이라고 하자 매우 당황하며 극진히 대접하고, 그 집을 떠날 때는 5리나 따라오면서 배웅을 하였다고 합니다.

2. 겸손

선생님은 제자들과 기차나 버스를 탈 때 제자들에게 맨 나중에 타자고 하여 자리에 앉지 못하는 경우가 많았고, 앉았다가도 자리를 양보하여 결국은 문가에 서 있게 되는 경우가 많았습니다. 한 번은 기차를 타고 가다가 선생님 곁의 어떤 사람이 말을 걸어왔습니다.

형씨, 우리 통성명합시다.
예
형씨, 성이 뭡니까?
예, 저는 '헌'가입니다.
'헌'가요?
그럼 이름은 뭐라고 합니까?
예, '신짝'이올시다.
헌신짝? 옛기, 그런 이름이 어디 있소?

사실 선생님은 자기를 늘 '헌신짝'이라고 불렀습니다. 제자들이 선생님이라고 부르면 자신을 보고 헌신짝이라고 부르라고 부탁했습니다. 여러 이야기를 종합해 보면 이것은 위선이나, 겸손하려는 것이 아니고, 진정한 그의 마음이었다고 믿어집니다. 선생님은 식사할 때도 밥상 위에 밥을 올려놓고 먹지 않고 방바닥에 놓고 먹었습니다. 자신은 죄인이라고 하면서, 동광원 사람들은 좁은 논두렁에서 사람을 마주치면 자신이 내려서서 상대방을 먼저 보냅니다. 선생님이 보여준 겸손의 미덕을 보고 배웠기 때문입니다.

선생님은 기도의 사람이었습니다. 그는 겨울에 밤에 산에 올라가 기도하고 내려오면 등에 서리가 내리고, 수염에 고드름이 달린 모습이었습니다. 예수님을 믿지 않는 동네 사람들이 산에 나무하러 아침에 산을 오를 때 선생님의 그러한 모습을 보고서 동광원 사람들에게 이야기해서 알려진 사실입니다.

병원에 입원해서도 시간만 나면 병실에서 기도를 하고, 건강했을 때는 밤에 숙소 밖에서 기도하여, 제자들이 따라 나와서 같이 기도하기도 했습니다. 전도할 때는 한 영혼을 건지기 위해 수십 리 길을 신발도 신지 않고 걸어서 찾아다니곤 합니다. 이렇게 여러 골짜기를 찾아다니며, 산 중에 흩어져 사는 사람들을 전도했는데 그들 중에 어떤 이는 선생님이 "예수 믿는 사람이 담배(연초)를 재배하는 것은 좋지 않습니다"라고 하자, 담배 농사를 포기하여 담배를 심었던 밭을 갈아 버렸다고 합니다.

또한 "사람은 착한 일을 해야 합니다"라고 가르치니, 달밤에 밖으로 나가서 마을의 가난한 과부댁 밭을 갈아주기도 했습니다. 이 사람은 6.25 때에 선생님의 요청으로, 동굴에 피신해 있던 미국 여 선교사에게 3개월간 밥을 제공해 주는 위험한 봉사를 하기도 했습니다. 당시 선생님은 생명의 위협을 무릅쓰고 피난 가지 못한 선교사를 숨겨 주고 있었던 것입니다.

6.25 동란 이후 동광원 식구들이 100여 명이 넘었습니다. 광주에 있던 선교사의 집을 임시로 사용하고 있었으나, 식량과 땔감이 부족하여 탁발을 하며 냉방에서 지내야 했습니다. 선생님은 제자와 함께 기거하는 중에, 제자에게 추운 겨울밤에 헐벗고 굶주린 사람이 있을 것을 걱정하였습니다. 제자가 다리 밑에서 누워 앓고 있는 거지를 보았다고 하자, 선생님이 한 벌밖에 없는 이불을 주었습니다. 제자가 선생님의 이불을 그 거지를 덮어주고 오라고 해서 순종했으나, 끝내 그 이불은 다른 건강한 거지에게 빼앗긴 적이 있었습니다.

선생님은 자신의 폐결핵으로 한때 입원을 했으나 약을 먹지 않고 결국 억지로 퇴원을 했습니다. 그 이유는 당시에 결핵환자가 매우 많았는데 당신만 치료를 받을 수 없다는 것이었습니다. 그의 스승 이세종 선생님 또한 한겨울에 이불을 전신에 걸쳐 덮지 않고 배까지 덮었다고 하는데, 그 이유는 헐벗은 사람들을 생각해서 그리했다고 합니다.

선생님은 많은 구호사업을 했으나 그것을 궁극적인 것으로 생각하지는 않았습니다. 그분의 설교 내용 중에 다음과 같은 것이 있습니다.

중요한 것은 믿음뿐이요. 사업이 아닙니다. 사업에는 반드시 간음 행위가 따르기 때문입니다. 주님을 향한 일편단심만 요구됩니다. 교육도, 구제도, 전도도 아닙니다. 병원, 고아원, 장애인 요양원도 아닙니다. 눈에 뜨이니 불가불 버려두고 지날 수가 없어하는 것이지, 처음부터 이것이 주요한 목적은 아닙니다. 우리는 단지 주님을 찾아 돌아다니는 것입니다.

이 말은 동광원에서 구제 사업을 많이 했었으나, 더 본질적인 것은 수도생활이라는 뜻이 담겨 있습니다.

경기도 모처에서 농촌 문제를 위한 전국적인 강연회가 개최되었습니다. 쟁쟁한 강사들이 양복을 입고 연단에 앉았는데 선생님은 헌 무명 바지와 저고리를 입었는데, 그 옷이 작아서 팔꿈치와 무릎이 나올 정도였습니다. 그러나 선생님은 태연스럽게 앉았다가 순서가 되어 열변을 토하며 강연을 하였습니다. 나중에 알아보니 강연장에 오는 도중에 고아를 만나 자기가 입었던 옷을 거지에게 주고, 선생님은 거지의 옷을 입고 왔던 것이었습니다.

이현필 선생님의 삶의 자세는 겸손에서 비롯되었다고 해도 과언이 아닙니다. 하나님의 아들이 인간의 몸으로 이 땅에 오시되 말구유에 오셔서 갖은 고생을 하시다가 나무 십자가에 죽으심도 역시 겸손에서 비롯된 것입니다. 그러므로 겸손은 기독교 신앙의 기본이라고 할 수 있습니다. 선생님은 겸손에 대해서 다음과 같은 말을 하였습니다.

겸손을 주소서. 제가 극진히도 겸손케 해 주옵소서. 제가 주님에게 용납되도록 겸손케 만들어 주소서. 제게는 조금도 겸손이란 것이 없습니다. 주님, 다른 이를 용인할 수 있게 해 주옵소서. 겸손해야 주님께 쓰이는 바가 되겠사옵나이다. 겸손치 않으면 주님께 쓰일 수가 없겠나이다. 주님께 거저 쓰여지기 바랍니다. 사람들의 이목에 띄지 않게 쓰여지기 바라옵나이다. 겸손해야만 남이 모르는 자리에 고요히 쓰임 받겠사옵나이다. 아무도 모르게 아무 보수나 칭찬이 없이 꼭 주님께만 유용하게 쓰인다면 얼마나 좋은 일이겠습니까. 겸손하지 않고서는 그런 자리에 쓰이지 못할 것으로 압니다. 진정으로 죄를 자복하는 일도 참 겸손이 없이는 될 수 없습니다. 참말 자복을 해야 할 줄 압니다.

그러나 아무도 참 자복을 못할 것입니다. 내 죄를 부끄러움 없이 고백하는 일, 그것은 용기가 필요합니다. 그러한 용기는 겸손한 이의 속에만 있을 용기일 것입니다. 진정으로 고하는 일같이 상쾌한 일은 다시없으련만 많은 이가 거짓으로 말하고 사귀고 있으니 참 불유쾌한 일입니다. 시간 낭비와 은혜 낭비만 됩니다.

선생님의 겸손은 스승 이세종 선생님에게서도 볼 수 있습니다. 이세종 선생님은 옷도 좋은 것을 입으면 교만한 마음이 생겨 어느새 남을 낮게 보고 멸시하게 되는 것이라면서 무명옷에 검은 물감을 들여 입었습니다. 이세종 선생님은 행색이 남루하고, 어린아이와 같이 자기를 낮추었기에 마을의 개구쟁이들조차 길을 막고 서서 지나가지 못하게 하였고, 놀려대고, 팔을 비틀고 괴롭게 했습니다. 한 번은 기독교 신앙인을 핍박하던 어떤 사람이 마을 네거리에서 이세종 선생님을 비석돌 위에 올려놓고 "여기서 꼼짝하지 마라"고 했더니 종일 그대로 움직이지 않고 있었습니다. "이 자식, 저 자식" 하여도 그저 "예, 예" 할

뿐이었습니다. 이세종 선생님은 저녁 무렵이 되어 돌아온 그를 보고 "이제 내려가도 괜찮을까요?"라고 묻고 나서야 내려왔습니다.

3. 절대 순결

이현필 선생님은 스승 이세종 선생님으로부터 절대 순결 사상을 배웠습니다. 그럼에도 불구하고 결혼을 했으나, 태아를 잃고서 해혼을 한 후 절대 순결 사상을 확고히 하였습니다. 그 이전 1930년대 강신명, 최흥종 목사 등도 이세종 선생님으로부터 성경을 배우면서 순결 사상을 배워, 해혼을 하고서 부부간에 남매처럼 살았습니다. 강신명 목사는 독신전도단을 만들어 활동하였고, 최흥종 목사는 자신의 생식기를 절단하였다고 합니다. 이현필 선생님은 이러한 "순결" 사상을 모든 사람에게 따르라고 한 것은 아니었으나, 동광원의 제자들에게는 결혼을 하기보다는 독신으로 하나님께 자신을 오롯이 드리라고 강조해서 가르쳤습니다.

예수만큼 그 생명이나 아울러 그 처녀성의 가치를 절대의 가치로 인정한 이가 없습니다. 그리스도의 경우는 처녀성을 전부요, 전 우주와도 바꿀 수 없는 제일 귀한 가치관을 세우신 것이라 할 것이니, 곧 그가 동정녀 마리아에게서 태어나신 점입니다. 그는 성녀님의 처녀 탄생에서 처녀성의 우월성을 드러냈으며 자기 자신이 평생 동정의 생활에서 그 절대의 가치관을 세우신 것입니다.

동광원에 들어오면 가족은 성인의 경우, 남반과 여반으로 구분하고, 자녀들은 고아들과 함께 생활하도록 하였습니다. 남녀의 유별이 엄격하여서 지금도 동광원에서 집회할 때는 남자와 여자의 자리가 다를 뿐만 아니라, 출입구도 양편으로 떨어져 있습니다. 남녀가 한 공동체에 속해 있었기 때문에 순결을 강조하였고, 결혼을 함으로 수도생활을 포기하는 것을 극히 경계하였습니다. 동광원의 순결사상은 성적으로 극도로 문란해진 현대 사회에 주는 메시지가 크다고 하겠습니다.

4. 가난

유능한 목수로서 오복환이라는 제자가 선생님에게 어떻게 하면 예수님을 잘 믿을 수 있냐고 물어보았는데, 선생님은 "오장치를 져야지요"라고 대답하였습니다. 오장치란 거지들이 어깨에 둘러메고 구걸하는 망태로서, 그 말의 뜻은 거지가 되어야 한다는 뜻이었습니다. 제자 오복환은 선생님의 말을 듣고서, 그때까지 남원 광한루 옆에서 운영하고 있던 목공소를 정리하고, 꼭 필요한 가재도구만을 리어카에 싣고 산골로 들어가서 가난하게 살았습니다. 그분은 훗날 장로가 되었고 동광원의 중요한 구성원이 되었습니다.

오복환 장로는 후에 밥 먹는 것도 잊을 만큼 성경 연구에 몰두하였으며, 동광원에서 성경 구절을 암송해 가며 가르치는 지도자가 되었습니다. 그는 이현필 선생님이 자녀들에게 제도 교육을 시키는 것이 유익하지 않다는 말에 따라 그 아들을 학교에 보내지 않고 신앙 훈련만 시켰는데, 그 아들 오세휘 장로 또한 평생을 독신으로 살면서 동광원의 대표직을 맡아 동광원을 이끌고 있습니다.

이현필 선생님과 오복환 장로 간에 있었던 일은 스승 이세종 선생님의 제자 오복희에게도 있었습니다. 이세종 선생님이 제자에게 예수님을 잘 믿으려면 "얻어먹어야 한다" 하였을 때, 오복희는 그 말을 듣고, 밥을 구걸할 자신이 없어 벙어리 흉내를 내면서 구걸하다가, 밥 못 먹는 사람이 있으면 얻은 것을 퍼주기도 하며 다녔다고 합니다.

당시에는 모두가 가난하였지만, 동광원도 특별한 수입원이 없었기에 쓰레기를 줍는 자립반을 조직하였습니다. 도시의 쓰레기통을 뒤져 먹을 것을 골라오고 병원에서 환자들이 먹다 남은 밥이나 누룽지 등을 얻어서 끓여 먹곤 하였습니다. 언님 중에는 좋은 환경에서 지내다가 선생님의 신앙에 감화되어 들어온 이들도 있었는데, 이들은 좋은 옷을 버리고 굵은 무명에 검은색 물을 들여 치마와 저고리를 해서 입고, 신발도 신지 않는 거지가 되어 거리를 다니다가 지인을 만나 당황하기도 하였습니다. 당시에 동광원 언님들은 시내의 변소에서 똥을 쳐서 오물통에 담아 동광원 거처까지 운반하기도 하였습니다. 이렇게 천한 일을 하면서 마음으로는 "예수님, 저를 위해 그 멸시와 천대를 받으신 주님, 저도 이 천대를 달게 받게 해 주십시오"라고 기도하며 그 어려움을 이겨냈습니다.

이현필 선생님은 제자들에게 청빈과 검소한 생활을 훈련시키면서 검소와 절제의 삶을 강조했습니다.

비누를 쓰지 말고 아궁이 잿물로 빨래하고, 자기가 입을 옷은 자기가 손수 베를 짜서 입자.

수도하는 우리들은 돈을 멀리하고 살아야 한다. 모든 것을 자급자족해야 한다. 몸소 농사짓고, 농사지은 짚으로 짚신을 삼아 신으라. 유채를 많이 심어 그 씨로 기름을 짜서 등잔불을 켜고 그 불빛 아래서 성경을 보라.

선생님은 무를 먹을 때도 껍질을 벗기지 않고 깨끗이 씻기만 하고 털도 버리지 않고 그대로 먹었으며, 하루에 한 끼만 먹으며 극도의 절제 생활을 했습니다. 절제의 생활에 대해서는 선생님의 좋은 가르침의 글이 있습니다.

절제의 생활, 모든 것이 풍부해도 아무것도 갖지 못한 것처럼 절약해서 쓰고 아끼는 생활, 그것은 모든 것에 풍부를 부릅니다. 아껴 쓰는 이에게 모든 좋은 것이 넘치도록 쌓입니다. 없는 것이 없고 부족 된 것도 없습니다. 물 한 방울을 아껴 쓰고 나무 한 부럭지를 아껴 때는 그 모습 그대로가 바로 풍부와 만족한 생활이 아니고 무엇이겠는지요.

존귀보다 겸손이 먼저 있고, 풍부가 있기 전에 절약이 먼저 있습니다. 빈핍이 있기 전에 낭비가 있습니다. 패망이 오기 전에 천박한 인생관이 있습니다. 사람이나 짐승이나 풀이나 나무나 돌이나 무엇이든지 천하게 여긴 만큼 자기가 천해집니다.

시간을 특히 아껴 써야겠습니다. 값없는 세월이라 생각지 마시고 손 한번 놀리는 것, 한 발짝 옮겨놓는 일, 말 한마디를 무심코 하시는 일이 없어야겠습니다. 시간을 헛되이 보내는 사람은 쓸모없는 사람입니다.

이세종 선생님도 가난하게 살았습니다. 음식이나 옷차림이 거지와 다름없이 지냈습니다. 이세종 선생님은 기도 중에 "도인은 화려하면 못 쓴다"는 영음(靈音)을 세 번이나 들었다고 합니다. 이세종 선생님은 자기를 이공(李空)으로 불러주기를 바랐는데 이는 자신이 빈껍데기라는 뜻으로, 철저한 자기부인을 의미하는 것입니다. 이를테면 가난한 삶이란 자기부인에서 비롯된 것이라고 할 수 있습니다. 이현필 선생님의 경우에도 가난한 삶은 십자가를 지고 고난을 겪으신 예수의 삶을 일상화한 결과였습니다. 선생님은 다음과 같은 말을 했습니다.

주님을 사랑하는 이가 가난하지 않을 수가 없을 것입니다. 주님은 가난하셨기 때문입니다. 가난 이외의 것으로 주님을 사랑할 수가 없기 때문입니다.

선생님은 가난한 삶을 단순히 물질적 가난으로 보지 않았습니다. 사실은 진정으로 가난한 삶을 산다는 것은 물질적 가난과 더불어 그로 말미암아 겪어야 하는 모든 것을 포함해야 한다는 점에서 의미를 확대한 것이 아니라, 가난의 본질을 말한 것으로 보아야 할 것입니다. 그것은 다음의 글에서 볼 수 있습니다. 조금 긴 인용문이지만 충분히 가치가 있습니다.

가난을 감사하나이다. 가난의 자유여! 아! 얼마나 가벼운 짐인고, 헛된 기쁨을 누리지 않게 되는 이 자유로운 시간, 헛된 인사를 주고받지 않는 이 행복! 깊이깊이 인생의 밑바닥까지 가치를 들추어 볼 수 있는 이 가난함의 복이여! 참말 복되도다. '천국이 가난한 이의 것'이라고 거짓말하실 줄 모르는 이의 입으로 축복하신 가난이여! 영원히 제게서 물러가지 마사이다. 자나 깨나 가난이시여, 저를 앞뒤로 둘러 계시옵소서.

영원무궁한 만세로부터 흑암과 광명을 품고 세차게 내려오는 천국이요. 가난한 이의 것이로다.

자기의 모든 행복을 주고 바꾼 가난한 이의 말씀이 천국은 마음 가난한 이의 것이라고 외치신 지 어언 2천 년, 새벽별보다도 뚜렷한 가난함의 위대함을 체험한 이가 그 누구누구시던가요? 그들은 시대가 흐름에 따라 먼 하늘의 별들처럼 찬란하게 일생을 통해 빛들을 발하고 있지 않은가요? 가난이 지상의 복이라고 몸과 피를 다 주시고 사서 얻으신 이가 실증하신 지 오래련만, 그 말씀 신용하는 이 몇몇 분이던가. 신용하시던 이들마다 한 가지로 외치는 말씀은 가난이 참 복이라고 노래를 부르시었건만, 이제도 가난은 환란이라고 믿는 이는 가난이 복이라고 믿는 이의 수효보다 훨씬 더 많은 현상이 아닌가요? 주님은 거짓말 못 하시는데 그 사실 믿는다는 성직자들, 말씀 증거하고 삯 받아먹는 분네들까지가 가난은 재앙으로 오는 것이라 증거들 하시나이다.

축복받는 이만 아는 이 복이요! 그렇지 않다 하는 이 없으리로다. 가난은 천국이요, 참으로 천국은 가난한 마음의 소유입니다. 가난을 축복하소서. 못난 저에게 가난만은 축복해 주옵소서. 가난을 싫어하는 이들에게 찾아가는 가난은 학대와 저주를 받나이다. 가난을 간구하는 이에게 오소서. 길이 떠나지 마소서. 잠시 잠깐인들 떠나서야 어떤 일이 생기겠나이까? 가난의 진리를 알고야 몸서리 안 칠 이가 있겠습니까? 잠시만 떠난다 해도 진리일 수밖에 없지 않겠는가요?

서릿발치는 부(富)함의 노여움이요. 견딜 수가 없습니다. 가난은 저의 축복으로 오시고, 부는 저를 저주하고 떠나소서. 가난해지리라고 저주하소서. 부에게 저주를 원하고, 부와 짝

하는 영 되는 것 싫습니다. 좀 더 가난케 하소서. 말도 못 하도록 가난케 해 주소서. 병들어 일어나지도 못 하도록 가난케 해 주소서. 아무에게도 큰소리 못 치도록 가난케 해 주옵소서.

교만을 떨어 버리고 겸손한 소망만이라도 갖게 하옵소서. 참 가난해지면 참 지혜도 따라오겠나이다. 참말 좋은 행복이 따라 들겠나이다. 참 부유함이 저를 감싸주겠나이다. 참 하늘의 지식이 제게 머물겠나이다.

병도 가난의 식구일 것입니다. 참말 병은 제 영혼의 좋은 반려자올시다. 심심하지 않게 인생행로를 같이 걸어주는 육신의 병이여, 내 일찍 그대 가치를 알았던들 왜 병을 두려워했겠나이까? 모든 소리로, 도무지 모르는 소리로 그대를 노엽게 해 드렸나이다. 저주인 줄 알았으며, 마귀의 사자인 줄 알았기에 영접하고 대접할 줄 몰랐나이다.

모멸도 가난의 식구올시다. 가난하면 모멸이 축복으로 오시나이다. 멸시가 싫어서 울던 시절, 애타던 시기, 참말 모멸의 행복을 전혀 몰랐었기로 모멸을 피하고자 거짓 얌전한 체까지 했었나이다. 거짓으로 부한 체 했었습니다. 모멸의 중대함을 알았던 들, 일부러 모멸받을 가난하고 무식한 처소에 가서 기다렸으련만, 전혀 모른 소리로 모멸이 지나갈 처소는 피해 달아나던 저입니다.

참말로 이 세상에서 멸시받도록 이 세상 지식과 지혜와 물질과 권세와 존귀와 모든 곳에서 완전히 가난해지도록 축성하옵소서. 제가 참으로 가난해지고 주님에게서 부를 발견케 하옵소서. 세상에서는 비참하고 천국에서 영광을 얻게 하옵소서. 이 세상에서는 아무 권리가 없으나, 천국을 상속하니 유권자가 되게 복을 비소서.

이현필 선생님은 누가 병이 들어 기도를 받고자 하면 "나는 신이 아니요" 하면서 "아프게, 더 아프게 해 주십시오"라고 기도하라고 가르쳤습니다. "호리라도 남김없이 갚으라"면서 "내가 이승에서 겪어야 할 병이거나 고통, 불구라도 될 수만 있으면 이승에서 다 당하고 가는 것이 복이다"라고 가르쳤습니다. 선생님의 더 아프게 해 달라는 기도는 상식을 초월한 기도인데, 생각해 보건대 그것은 죄 없으신 예수님이 당하신 고난을 생각할 때 죄인 된 자신은 더 고난을 받아야 마땅하다는 고백이 들어 있는 것 같습니다.

Ⅲ. 생태영성과 십자가의 길

1. 생태영성

이현필 선생님이 스승 이세종 선생님으로부터 물려받은 큰 유산은 생태적 감수성과 영성입니다. 『맨발의 성자 이현필』에 나오는 내용입니다.

> 스승[이공 이세종]이 하던 대로 길을 다니면서 개미 한 마리도 밟아서는 안 된다고 피해 다니고 길바닥에 기어다니는 지렁이도 엎드려 주워서 옮겨놓고 지나갔다. 겨울에도 여름에도 맨발을 벗고 다녀 짚세기도 아껴 벗어들고 길을 다녔다.

선생님의 일화를 김춘일 언님이 들려줍니다. 선생님은 앞뜰에 나와 앉아 클로버의 씨를 훑어서 따고 있었습니다. 한 손에는 조그마한 바구니를 들고 무척 감격한 표정을 지었습니다. 선생님은 "보시오, 이 생명의 신비를… 하나님의 솜씨를 잘 보시오!"라고 하셨습니다. 선생님은 조그마한 클로버 씨 하나가 결실하는데도 그렇게 세밀하게 고안하신 하나님의 솜씨의 오묘함에 지금 황홀해하고 있는 표정이었습니다. 제자 김춘일 언님으로서는 하등 감동을 못 느낄 평범한 일이었다고 합니다. 제자는 "참으로 그럴까?"라고 선생님의 소녀 같은 탐미주의가 우스워 보였다고 합니다. 그러나 해가 지나갈수록 선생님이 보여주었던 생명의 신비에 대해 감격해하시던 심정을 조금씩 이해하게 되었다고 합니다.

이현필 선생님이 생명체와 지구 및 모든 피조세계를 대할 때 경이로움과 아름다움, 경탄에 빠져들었던 것은 그의 생태적 영성의 진면목을 보여줍니다. 바울이 로마서 1장에서 모든 피조물이 보이지 않는 하나님의 능력과 성품을 드러낸다고 하였듯이, 선생님은 "하나님을 믿고 사랑하십시오. 천지 만물을 보아서요. 천지 만물은 하나님의 사랑의 표현입니다. 자신을 보아서도 믿고 의지하십시오"라고 가르쳤습니다. 또한 창조세계는 사람들에게 하나님의 말씀을 드러내는 거룩한 책이 되었습니다.

자연은 질서 안에서만 존재합니다. 사계절로 춘하추동뿐만 아니라 온갖 경영이 우주의 법칙을 벗어난 것이 없습니다. 자연은 인간을 위한 교설이요, 스승이라는 표현은 조금도 과장된 것이 아닙니다. 인간은 자연과 더불어 숨 쉬고 그 질서와 법칙에 의하여 사색하고 행동함으로써 조화와 안정을 누릴 수 있습니다. 위에서 아래로 흐르는 물같이 자연스럽고 조화

있게 엮어 가는 삶은 곧 지상의 낙원을 선사할 것입니다.

선생님은 창조세계를 스승으로, 설교로, 사랑의 표현으로 보았던 것입니다. 토마스 아퀴나스는 "창조를 잘못 이해하면 하나님을 잘못 알 수밖에 없다"라고 하였는데, 선생님은 피조세계를 인간의 탐욕과 편리를 위하여 함부로 대할 수 있는 것이 아닌 하나님 사랑의 표현으로 보았고, 스승으로 여겼습니다. 그렇기에 선생님은 만물을 자비로 여기며 대하셨습니다.

모든 풀이 절 가르치는 스승 같아서 차마 밟을 수가 없어 할 수 없이 용서를 구하는 마음으로 맨발로 산을 다니기도 했지요.

이현필 선생님은 우주적 영성가의 면모를 보여주었습니다. "개체 완성이 우주완성"이라는 말씀을 하시면서, 만물과 함께 같이 아파하고 같이 찬양하며 그리스도의 지체임에 감사하였습니다. 만물을 그리스도의 몸으로 보면서 믿는 사람이나 안 믿는 사람 모두가 그리스도와 한 몸이라 가르쳤습니다.

신자는 산중에 가서 혼자 노래를 부르더라도 산천초목도 천사들도 듣고 있으니 함부로 부르지 말고, 언제 어디서나 정성스럽게 불러야 한다고 하였다.

잘 믿는 사람은 그리스도의 지체요, 안 믿는 사람도 그리스도의 지체요, 만물이 그리스도 지체로다.

곡성군 원달에서 어느 날 마을 청년이 강에서 큰 메기를 잡아 꿰어서 들고 가고 있었습니다. 선생님은 그에게서 물고기를 사서 방생하였습니다. 또한 제자들이 선생님을 위해 방에 꽃을 꺾어다 놓았을 때, "여러분이 저를 위해 이 꽃을 꺾어다 꽂아주신 것을 감사합니다. 그러나 차라리 이 꽃을 꺾지 않고 그냥 두었더라면 얼마나 더 좋겠습니까…" 그 흔한 꽃이라도 함부로 꺾지 말자고 하셨습니다. 선생님의 생태적 삶과 영성은 오늘 우리에게 큰 울림이 됩니다.

2. 십자가의 길

이현필 선생님은 "2천 년 전에 유대 골고다에서 흘렸다는 예수님의 피만 가지고는 부족합니다. 지금 이 시간 어쩔 수 없이 나의 마음에 뚝뚝 떨어지는 예수님의 보혈이 되지 않아선 안 됩니다"라고 말씀했습니다. 그래서 순간순간을 십자가에 자신을 못 박는 철저한 자기부정의 삶을 사시므로 예수님과 하나 되고자 하셨습니다.

선생님은 말년에 후두결핵으로 말하지 못하고, 물도 삼키지 못했습니다. 그는 제자들과 함께 서울 신촌 부근에서 넝마주이를 하는 제자를 찾아가서 거지굴에 누워 있었습니다. 그는 이렇게 기도했습니다.

주여, 저는 이 순간까지 예수님을 섬기되 선행을 위주로 해왔습니다. 저는 잘못 믿어온 것을 자백합니다. 선행이 아니라, 예수님의 보혈을 의지하는 신앙인이 되겠습니다. 오늘 이대로 죽는다면 저를 따르는 모든 사람을 온통 율법주의자로 만들어 버릴 것입니다. 저는 위선자입니다. 저도 그리스도의 보혈을 의지하여 구원을 얻어야 할 사람입니다.

이러한 기도는 지금까지 이나 벼룩도 죽이지 않고, 육식을 하지 않고, 병에 걸려도 약을 쓰지 않던 철저한 절제의 삶을 두고 한 것이었습니다. 선생님은 넝마주이 제자를 불러 고기를 사오게 하였습니다. 훗날 화순 도암에서 평생 동정을 지키며 스승의 뒤를 따랐던 한영우 장로는 굴비를 한 마리 사서 동냥 다닐 때 갖고 다니던 깡통에 넣어 물을 붓고 끓여 가져갔습니다. 선생님은 그 국물을 입에 넣어 달라고 하여 먹었습니다. 육식을 금했는데, 스스로 파계를 한 것입니다. 제자들은 제지하려고 했으나 선생님은 강행하였습니다.

선생님은 그를 찾아온 당시 정인세 원장에게 "원장님, 제가 고기를 먹었습니다. 동광원에서 저를 책벌해 주십시오"라고 했으나, 정원장은 선생님의 파계에 대하여 경의를 표하였습니다. 그러나 대부분의 제자들은 선생님에게 실망을 하고 애통해하였습니다. 그러나 이 일 후에 매우 위급했던 병이 하나님의 은혜로 깨끗이 나았습니다. 선생님의 이 파계는 자기부정을 통하여 동광원의 거듭남을 가져왔습니다.

인간이 본능적으로 가장 두려워하는 죽음은 가난으로 말미암아 더 가까워지게 마련입니다. 이것이 사람들이 가난을 피하는 이유이기도 합니다. 죽음을 맞이하는 스승 이세종 선생님의 자세는 특별했습니다. 몸이 쇠약하여 자리에 누운 후 밥을 먹다가, 죽을 먹고, 그리고 임종이 가까워 오면서 두 달은 물만 마시고, 마지막 한 달은 물도 끊고 공기만 마시고 지냈습니다. 공기를 먹는다고 심호흡을 하고 입으로 먹는 소리까지 냈습니다. 그는 환난과 고통을 기뻐했습니다. 그는 사는 것이 죽는 것이요, 죽는 것이 도리어 사는 것이라는 예수님의 말씀을 그대로 굳게 믿었습니다. 이렇게 그는 죽음을 두려워하지 않고, 오히려 죽음을 맞이한 것입니다.

이현필 선생님도 죽음을 스스로 맞이하고픈 생각을 했던

것으로 보입니다. 병이 깊어졌을 때 시중드느라고 수고하는 제자들을 떠나 아무도 없는 곳으로 소리 없이 떠나서 몸을 감추려 시도하였으나 도중에 포기한 일이 있습니다. 선생님은 죽음을 앞두고 자신이 입은 옷을 벗어서 잘 개어두고 그 옷을 없애지 말고 헐벗은 사람에게 주라고 부탁했습니다. 헌 옷을 입은 채로 묻어 주되 관을 쓰지 말고 거적때기에 싸서 평토장 해 달라고 부탁하면서, 죄인의 시체니까 아무도 모르게 하고, 아무나 함부로 밟고 다니게 하라고 했습니다.

선생님은 임종하기 전 일주일 동안 계명산에서 식구들과 예배를 드리며, 흥겨운 노래 등을 부르며 기쁘게 살라고 하며, 당신은 힘이 없으면서도 손으로 무릎에 박자를 치며 기쁨의 찬양을 했습니다. 임종이 가까이 왔을 때 그는 다음과 같이 기도하였습니다.

주님, 저는 주님을 사랑하고과 무척 애썼습니다. 제가 주님을 사랑하고자 할 때마다 주님은 저를 피하셨습니다. 주님! 저는 지금 주님의 십자가를 지고 갑니다.

선생님은 잠시 쉬었다가 열은 더 오르고 숨이 막혀 오는 중에서도 이상한 기쁨의 물결이 밀려와 외쳤습니다.

오 기쁘다! 기쁘다! 오 기뻐! 오메 못 참겠네. 아이고 기뻐.

숨이 가라앉았다가 다시 돌아올 때마다 말씀하였습니다.

아이고 기뻐! 오 기뻐! 못 참겠네. 이 기쁨을 종로 네거리에라도 나가서 전하고 싶어.

이현필 선생님은 기뻐하며 임종을 맞이하였습니다. 선생님의 이렇게 기쁨에 찬 임종은 하늘나라의 문을 열고 들어가는 모습을 보는 듯합니다. 죽음을 이렇게 맞이함은 평소에 십자가 신앙으로 살았던 영성이었기에 가능하다고 생각됩니다.

이현필 선생님의 삶은 그 자체가 영적 순례였으며, 예수님과 하나 되는 삶이었습니다. 그것은 인위적으로 되는 것이 아니고, 성령 충만함을 받음으로 표출된 하나님의 사랑이었고, 예수님의 겸손이었습니다. 물질 만능주의와 고도의 산업사회, 그리고 세속화되는 교회에 대하여 선생님의 삶은 예수님을 다시 향하게 하고, 십자가 신앙을 생각하게 합니다.

이현필 선생님의 신앙은 스승 이세종 선생님으로부터 많은 영향을 받았습니다. 그 특징은 성경 말씀을 어린아이같이 믿고, 삶으로 실천했다는 점입니다. 그러했기에 거기에서 능력이 나오고, 제자들이 모이게 되었습니다. 아쉬운 점은 제2의, 제3의 이현필 선생님이 이 땅에서 나와야 하는데, 이는 온전한 십자가 신앙으로 고난의 중심점에 들어가는 순수한 영혼의 소유자라야 할 것입니다. 십자가는 그 안으로 들어가기 전에는 두려우나 믿음으로 들어가면 부활의 장이 열리게 됩니다. 이현필 선생님의 주변에서 이러한 예를 보게 됩니다. 결국은 십자가가 열쇠입니다. 십자가가 근원입니다. 이 시대를 염려하는 이들이 풍요와 편리의 세태에 함몰되지 않고, 부활이 약속되어 있는 십자가의 길로 들어감으로 하나님의 나라는 확장될 것입니다.

※ 이 글의 인용문은 미주를 달지 못했습니다. 이현필 선생님에 관한 증언을 노트나 제자들의 이야기에 의존하였기 때문입니다. 인용문은 참고 문헌을 참고하여 주시길 바랍니다.

■ **참고 문헌**

엄두섭. 『호세아를 닮은 성자: 도암의 성자 이세종 선생 일대기』, 서울: 은성, 1987.
이세종. 『이세종의 명상 100가지』, 서울: KIATS, 2011.
이현필. 『풍요의 시대에 다시 찾는 영적 스승 이현필』, 서울: KIATS, 2014.
차종순. 『성자 이현필의 삶을 찾아서: 한국적 영성의 뿌리』, 서울: 대동문화재단, 2010.
엄두섭. 『맨발의 성자』, 서울: 은성, 1990.
김금남. 『동광원 사람들』, 전북: 사색, 2007.

CHAPTER 5

피조물의 고통과 가난의 영성

김영락

이 시대의 지구공동체가 겪고 있는 가장 심각한 환경문제는 무엇일까요? 저는 지구 온난화에 의한 기후변화 문제가 제일 심각하다고 봅니다. 기후변화는 지구 평균 기온이 상승함으로 기후가 급변하여, 가뭄, 홍수, 해수면 상승, 새로운 전염병 발생 등의 문제를 가져옵니다. 최근에는 미국의 LA 지역에서 큰 산불이 났는데, 기후변화로 건조한 날씨가 계속되고, 강풍이 불어 인력으로 끌 수가 없어서 여러 날에 걸쳐 많은 인명과 재산의 피해를 가져왔습니다. 4-5년 전에는 호주 대륙에서 산불이 크게 나서 수천 채의 주택과 건물들이 파괴되고, 수십억 마리의 동물들이 죽고, 생태계와 서식지가 심각하게 파괴되었으며, 산림이 훼손된 상태에서 큰비가 와서 산사태와 홍수 피해를 입기도 했습니다. 또한 오랫동안 계속된 산불로 공기가 심각하게 오염되어 사람들은 호흡기 질환으로 고통을 당하기까지 했습니다. 이렇게 큰 피해를 주는 산불은 나무를 연소시킴으로 그 자체가 이산화탄소를 발생시킬 뿐 아니라, 이산화탄소를 흡수하는 나무를 소실시킴으로 이중적으로 하나님의 창조세계를 파괴합니다.

지구 온난화는 북극과 남극의 얼음을 녹임으로 바다 수면이 상승되고, 결과적으로 저지대에 속하는 해안 지역이나 섬들은 침수 피해를 받게 됩니다. 태평양의 중앙에 있는 투발루라고 하는 작은 섬나라는 해수면의 상승으로 모든 국민이 수년 내에 이주해야 할 것이라고 합니다.

이렇게 많은 문제를 일으키는 지구 온난화의 주요 원인은 공기 중에 이산화탄소의 양이 늘어나기 때문입니다. 아시다시피 이산화탄소는 석탄, 석유, 천연가스 등을 연소시킬 때 발생하기 때문에 화력발전소나 공장의 가동, 자동차의 운행 등에 의하여 증가하게 됩니다. 경제가 발전하고, 소비가 늘어날수록 공장은 더 돌아가고, 전력 소비는 늘어남으로 이산화탄소는 증가하게 되고, 기후변화는 심화됩니다. 모든 나라가 경제 발전을 추구하고, 거의 모든 개인은 더 풍요한 삶을 추구하고 있기 때문에 환경은 나날이 오염되는데 그 가속도의 정도는 심각한 수준입니다.

기후변화는 지구에 살고 있는 각종 생물에게도 영향을 주어서 현대에 오면서 멸종되는 생물종들이 늘어나고 있습니다. 하나님의 창조세계가 위협을 받고, 피조물들이 신음하고 있는 것입니다.

로마서 8장 19절에 보면 "피조물이 고통을 겪고 있고 하나님의 아들들을 기다린다"라는 말씀이 있습니다. '하나님의 아들들'은 누구일까? 하나님의 뜻을 따르는 사람들이 아닐까? 예수님께서 산상수훈인 마태복음 5장 3절에서 "심령이 가난한 자가 복이 있다"는 말씀과 그 병행 구절로 누가복음 6장 20절에는 그냥 "가난한 자가 복이 있다"고 말씀하고 있습니다. 여러분은 가난한 자가 복이 있다는 말씀을 어떻게 생각하십니까? 부요한 시대를 사는 대부분의 사람은 이 말씀을 외면하고, 부자가 되기 위해 몰두하고 있습니다. 그러나 그 결과는 환경오염으로 인한 종말적 재앙입니다. 심각한 기후변화를 포함한 작금의 환경오염은, 창조세계의 청지기 사명을 받은 그리스도인들이 지금까지 추구해 온 삶의 방식을 다시 생각할 것을 하나님께서 깨우치시려 하는 것이라고 생각됩니다.

제가 환경운동의 실무자로 있을 때, 교회에 설교하러 가서 결론으로 "가난한 자가 복이 있습니다"라고 하면, "아멘" 하는 성도들이 거의 없었습니다. 제가 반성하기를 '가난하게 살지도 않으면서 그런 얘기를 하니까 울림이 없는 모양이다' 생각하고, '가난하게 살아봐야겠다'는 마음을 강하게 가졌습니다. 그런데 10년을 가난하게 살고 나서, 어느 교회에서 설교할 기회가 있었습니다. 그때도 역시 "아멘"은 없더라고요. 그래서 '아, 가난한 자가 복이 있다는 말씀은 설교로 선포할 말씀이 아니고 삶으로 선포해야 되는구나'라고 생각을 했어요.

가난이 사실은 심각한 문제죠. 그런데 저는 꼭 처절한 가난을 이야기하는 것은 아니고 가난한 자의 복에 대해서는 실제로 본인이 가난하지 않더라도 '가난한 자가 복이 있다'는 말씀을 믿는 사람이 복이 있고, 그 말씀을 믿고 지향해서 사는 삶, 그런 사람이 복이 있다고 생각해 봅니다. 사람들은 불편하니까 가난을 두려워하고 기피합니다. 예수님은 하늘 보좌를 버리고 육신을 입고 이 땅에 오셨습니다. 그뿐만 아니라 제자들과 복음을 전하실 때, 배를 굶주리면서 밀 이삭을 잘라먹기도 하는, 그런 가난 속에서 말씀을 전하셨죠. 결국은 하나밖에 없는 자기의 생명까지도 내어놓으시며 십자가에 달려 죽기까지 하지 않으셨습니까? 그러나 예수님은 부활하셨습니다. 그러니까 예수님이야말로 가난을 가장 앞서서 실천하신 분이라고 생각하게 됩니다.

제가 이십 년 전에 환경운동 실무자를 그만두고 시작한 것은 "가난한 자가 복이 있다"는 말씀을 한 번 실험해 보는 것이었습니다. 마음으로는 그 말씀이 믿어지지만, 삶으로 한번 실험을 해보자는 뜻과 마음을 가지고 직접 한 번 가난한 삶을 살아보기로 했습니다. 사실 우여곡절이 많이 있었습니다만 결국 하나님께서 저를 홍천에 있는 어느 산골로 인도하셨고 최소한의 생필품을 가지고 그곳에서 단순한 삶을 시작했습니다. 그때 마침 비슷한 생각을 가진 사람들이 있어서 세 명이 모였습니다. 말하자면 기도와 노동을 하는 가난한 공동체를 시작한 겁니다. 처음에 같이 의논하면서 우리가 단순하고 가난하게 살려면 가전제품을 사용하지 않으면 좋겠다고 했습니다. 그러면 전기 없이 살아보자, 이렇게 의기투합이 됐어요. 동광원을 세우신 이현필 선생님도 신앙생활을 잘하려면 거지가 되어야 하고 유채꽃을 심어서 그 기름으로 등잔불 켜고 살아야 된다는 말씀을 하셨습니다. 그래서 홍천 산골 샘물 옆에 움막을 짓고 처음에는 나뭇가지로 불을 피워서 밥을 지어먹었습니다. 그러다 점점 생활이 체계화되면서 하루에 매일 예배와 침묵기도, 중보기도, 그리고 말씀 묵상 기도를 하고, 집을 짓고 농사를 짓기 시작했습니다.

집을 지어본 경험이 없었기 때문에 황토집을 짓는 책 열 권을 읽고, 집 짓는 현장에 가서 보기도 하고, 또 허물어진 집에 가서 그 구조를 보기도 하고 하면서 세 명이 직접 집을 지었습니다. 집을 지으면서도 아주 미숙한 상태였죠. 책에서 배우지 못한 것들은 지나가던 사람들이 가르쳐주기도 했습니다. 저는 그것을 하나님의 손길이라고 생각합니다. 산에서 나무를 베어 와서 기계톱으로 나무를 켜서 기둥으로 쓰고 판자로도 쓰고, 주변에 있는 흙과 돌을 이용했습니다. 전기가 없으니까 옛날 시골집의 온돌 방식으로 집을 지어야 했습니다. 마침, 제가 시골로 가려고 하기 직전에 구들 놓는 법을 배울 기회가 있었어요. 직접 구들을 놓았습니다. 그리고 건축비를 줄이기 위해서 창문이나 출입문은 헌 문짝을 구해서 사용하거나 직접 판자로 만들기도 했습니다. 가난한 삶을 살기로 작정을 하고 집을 직접 지었는데 참 여러 가지 재료가 필요했습니다.

아무튼, 돈을 전혀 안 쓸 수는 없지만, 가능하면 돈을 사용하지 않고 사는 것을 원칙으로 했는데, 재료를 구하는 것도 상당히 큰 숙제였습니다. 모래, 황토, 돌. 이런 것들이 필요할 때마다 하나님께서 공급하셨다고 고백합니다. 황토가 필요할 때, 어떻게 할까 고민하며 어디를 갔을 때, 장마철 폭우로 황토산이 무너져서 도로에 황토가 쌓여 있는 것을 보았어요. 게다가 빗물로 다 씻기고 걸러진 고운 황토였으니 집 짓는 재료로 아주 적절한 것이었죠. 그래서 그 황토를 실어다 놓고 남아서 지금도 사용하고 있습니다.

건축을 할 때 창문에 돈이 많이 듭니다. 이 때문에 옛날 물건 파는 곳에 가서 구해다가 쓰기도 했습니다. 그런데 예배당만큼은 헌 것을 쓰지 말고 새것으로 해야겠다는 생각이 들었습니다. 그러던 중에 잘 알고 지내던 목사님과 연결이 됐어요. 사실 제가 시골로 들어갈 때 전화번호도 바꾸고 사람들과 연락을 다 끊었습니다. 그런데 참 묘하게 그 목사님과 연결이 된 거예요. 목사님이 지은 지 5년 된 교회를 철거하게 되었다는 말씀을 하셨어요. 그렇다면 그 교회 예배당 창문을 갖다 써도 괜찮겠다는 생각을 하고 가져왔습니다. 그래서 예배당의 오른쪽, 왼쪽 창문 모양이 달라요. 가져온 창문의 크기가 다 다르고 개수가 안 맞아서요. 집도 그렇습니다. 수집한 창문 중에 가로로 긴 게 있어서 그 창문에 맞추기도 하고, 또 어떤 창문은 너무 커서 마루 밑으로 창문을 내려서 집을 짓기도 했어요. 그런데 완공 후에 보니, 모두 아주 적절한 자리에 위치하고 있더라고요. 저는 하나님의 설계로 집을 지었다고 고백을 합니다. 아무튼 재정이 바닥나면 예기치 않은 헌금이 들어와서 건축비가 채워지곤 했습니다. 옛날 시골집 같은 방식으로 일 년에 한 채씩 지었고, 현재 네 채가 지어져 있습니다.

전기 없이 사는 것이 매우 불편한데 제일 불편한 것은 여름에 냉장고가 없는 것이었습니다. 그래서 여름에 음식을 보관하기 위해서 땅굴을 팠어요. 땅굴 안은 여름에도 온도가 15도에서 20도 사이입니다. 얼음을 사다가 보온 상자에 넣어서 음식을 보관하기도 했습니다.

그런데 나이가 들면서 몸이 약해지고 부엌에서 땅굴까지 왔다 갔다 하려면 너무 힘들어서 도저히 안 되겠더라고요. 냉장고라도 하나 있어야겠다 싶어서 3년 전에 중고 태양광 패널을 구해서 사용하고 있습니다. 최근에는 세탁기가 절실해서 중고 세탁기를 구해 사용하고 있습니다. 아직도 야간 조명은 촛불을 사용하고 다른 전기는 거의 사용하지 않고 있습니다. 채소 농사를 지어서 먹고, 들에서 산에서 나물을 뜯어먹고, 자연산 버섯 또는 잣, 밤, 도토리 같은 열매 등을 수집해서 먹고 있습니다. 초기에 우리가 생활비 조달을 어떻게 할 것인지 의논하면서, 저는 무언가 수익 사업을 해야 하지 않을까 생각했어요. 하지만 저희 원장님이 하나님이 주시는 것으로 먹고살자고 했습니다. 한참 고심을 하다가 좋다, 굶어 죽는 것도 순교라는 결단을 나름대로 하고서 수익 사업은 하지 않고 있습니다.

우리 공동체의 이름은 하늘길수도원입니다. 개신교 수도원이고 워낙 작기 때문에 이름을 붙이기가 미안하지만, 그래도 저희로서는 그것이 적절하다고 생각했습니다. 아직 공식적으로 홍보하거나 인터넷 사이트가 있지는 않아요. 제가 개인적으로 알게 된 사람들이 가끔 와서 함께 기도하고 일하고 또 상담도 하고 가는데, 오시는 분들이 마음 문을 금방 열고 자기의 약함을 이야기하시더라고요. 그것이 어떻게 가능할까 생각을 해볼 때,

우리 집은 모든 걸 우리 손으로 직접 해서 반듯하지가 않고 좀 엉성하고 허술하지 않겠습니까? 그리고 우리가 가난한 자가 복이 있다고 외치니까 약하신 분들이 와서 쉽게 마음을 열고 연약함을 토로하면서 영과 육의 치유를 받고 가는 것 같아요.

어떤 장로님이 사업에 실패하고 상담을 위해서 공동체에 오셨어요. 저는 가난한 자의 복에 대한 이야기를 많이 했습니다. 장로님에게도 그랬어요. "지금 사업에 실패하셔서 가난하게 되셨는데 가난한 자가 복이 있다는 말씀을 믿으시면 로또에 당첨되는 겁니다"라고요. 그러니까 로또에 당첨된다는 것은 역전이 된다는 건데 가난한 자가 복이 있다는 말씀을 믿으시면 장로님이 실패한 것에 대해서 무엇인가 하나님의 뜻을 찾고 또 어떤 역전의 기회를 얻지 않겠느냐는 뜻이었죠. 그런데 역전이 엉뚱한 데서 나타났어요. 장로님의 35살 된 아들이 가난의 복에 대한 이야기를 듣고 마음이 열렸나 봐요. '아, 한번 살아보고 싶다'는 마음이 생겼대요. 한 일주일 와서 지내보고 조금 더 있겠다고 해서 한 달, 그러다가 일 년을 같이 있었어요. 그런데 그 청년이 왔을 때 보니, 아토피를 30년 동안 앓아서 온몸에 딱지가 있었어요. 사람을 똑바로 보지 못하는 대인기피증도 있고, 말도 더듬었는데 함께 노동하고 기도하고 말씀 묵상하며 1년을 지내고 났더니 아토피가 깨끗하게 없어졌어요. 10년이 지났는데 현재까지 괜찮은 상태예요. 그런 식으로 몸의 병이 나은 예가 몇 건 있습니다.

또 다른 이야기로는 물질에 애착이 많았던 장로님이 있었어요. 자기가 이층 집을 크게 지어서 살려고 욕심내서 돈을 모았대요. 그런데 저희와 대화한 후에 그것을 포기하고, 새집을 지으면 식탁으로 사용하려고 했던 커다란 느티나무로 강대상을 만들어서 저희 예배실에 헌물을 하셨어요. 그런데 그 장로님이 후에 무슨 일이 있어서 2억 원의 벌금을 내게 되었어요. 예전 같았으면 자기는 아마 쓰러져서 못 일어났을 거래요. 그런데 가난한 사람이 복이 있다고 한 말씀을 생각하면서, 스스로 돈을 내어놓지는 못했지만 아무튼 돈이 빠져나갔으니까 그것도 나쁜 건 아니다, 스스로 위로하면서 어려움을 이긴 적이 있었다고 합니다.

우리 수도원 입구의 한 500미터는 비포장도로예요. 산 비탈길이니까 여름에 비가 오면 도로가 파손돼서 보수 작업을 수시로 해야 하죠. 유지 보수가 매우 힘든 환경이지요. 오시는 손님들은 어떻게 이런 불편한 생활을 할 수가 있나, 이야기를 하십니다. 그런데 밖에서 보시는 분들은 굉장히 힘들 것이라고 생각하지만 저희는 그 정도는 아니에요. 할 만하고 또 거기에 대한 보상도 다른 방면으로 충분히 있다고, 특별한 은혜가 있다고 고백을 합니다. 어두워서 야간에는 불편하죠. 그러나 그만큼 밤하늘의 별들을 즐길 수 있고, 여름에는 반딧불이 날아다니고, 초승달과 보름달을 아름답게 즐길 수가 있습니다. 또 하나는 눈이 좋아졌어요. 아마 야간에 밝은 전등 밑에서 생활하는 게 눈을 많이 약화시키는 것 같아요. 저뿐만 아니라 같이 계시는 분들도 눈이 좋아져서 하나의 축복이 아닐까 생각을 합니다. 화장실도 재래식이에요. 불편하기는 하지만, 생각해 보면 수세식으로서 하수를 오염시키거나 물을 허비하지 않고, 대변을 거름으로 유용하게 사용한다는 점에서 마음의 평안함을 느끼게 됩니다. 이렇게 불편하고 단순한 삶을 살면서 저희가 깨달은 것은 역시 "가난한 자는 복이 있다, 하늘나라가 그들의 것이다"라는 말씀은 맞는 말씀이라는 거죠.

그런데 제가 이런 생활을 시작하고 4년쯤 지났을 때, "가난한 자가 역시 복이 있구나"라는 것을 기도하면서 깨달았어요. "가난한 자가 복이 있다"라는 말씀은 확실하다. 왜? 하나님의 아들 예수 그리스도께서 하신 말씀이기 때문에, 그러니까 예수님이 하신 말씀이기 때문에 그 말씀은 더이상 실험할 문제가 아니다, 이렇게 생각하면서 하나님 말씀의 권위를 깨달은 적이 있어요. 가난이라고 하는 것은 사실은 고난이라고 얘기할 수 있죠. 가난과 고난은 힘들어요. 그러나 고난은 부활로 연결되지 않습니까? 그렇기 때문에 우리가 가난을 부활로 연결시켜서 생각할 수 있는 겁니다.

프란체스코 성인도 가난을 찬양하면서 탁발을 했었죠. 동광원을 세운 이현필 선생님은 잘 믿으려면 거지가 되어야 한다면서 탁발을 하셨어요. 그분은 몸이 아프면 "더 아프게 해 주십시오"라고 기도하셨어요. 말이 안 되죠. 본인만 그런 게 아니라 제자들에게도 그렇게 얘기를 하셨는데, 제가 생각할 때 죄가 없으신 예수님도 그렇게 고통을 당하고 십자가에 달려 돌아가셨는데 죄를 많이 가지고 있는 우리가 어떻게 그 고통을 면하게 해 달라고 기도할 수가 있냐, 오히려 나야말로, 우리야말로, 인간이야말로 죄인으로서 그 고통을 달게 받아야 된다는 뜻으로 말씀하신 것 같아요. 이현필 선생님은 마지막에 제자들과 함께 예배드리면서 "오 기뻐라 이 기쁨을 어디 가서 전할까" 하면서 기쁨에 벅차하셨어요. 미리 예고하신 시간에 천국으로 들어가셨지요. 이 땅에서는 아주 많은 고난과 어려움을 겪으셨고 질병에 시달리셨지만, 천국 문을 열고 들어가신 분이라는 점에서 고난의 가치를 우리가 깨달을 수 있다고 봅니다.

이런 사례도 있었습니다. 어떤 사람들이 고난 주간에 예수님의 고난에 대해서 서로 아주 진지하게 대화를 했어요. 그중에

한 사람이 '아, 예수님이 저렇게 고난을 겪으셨구나. 나는 이제 나에게 고통이 와도 아프다는 표현을 하지 말아야겠다'라고 결심했어요. 그런데 놀라운 것은 며칠 후 그 사람이 오랫동안 앓던 허리 통증이 없어졌다는 거예요. 말하자면 예수님의 고난을 나의 고난으로 포용하는 순간에, 수용하는 순간에 나의 통증이 없어지는 거예요. 실제로 그것이 잠깐이 아니라 이십 년 가까이 그렇게 지내고 있다고 해요. 고난을 받아들인다는 것은 얼마나 귀한 일인가 하는 거죠.

우리 수도원에 이런 일이 있었어요. 원장님이 온돌방에서 자는데, 아마 땔감 중에 젖은 나무가 있었나 봐요. 그러면 불완전연소가 되니까 일산화탄소가 나와요. 연탄가스하고 똑같은 성분이죠. 일산화탄소 중독이 돼서 실신을 하셨어요. 병원에 다녀오고 일시적으로 회복이 됐는데 얼마 후에 치매 증상이 온 거예요. 누군가가 옆에서 돌보지 않으면 주방에 가서 수시로 가스불을 켠다든가 하는 일을 저지르는 거예요. 그래서 저희가 수도원 간판을 내리고 요양원 간판을 달아야겠다고 생각하고 아예 마음을 탁 내려놨어요. 그러고서 병원에 입원을 시키고 기도를 하는데 이런 생각이 들었습니다.

'가난한 자가 복이 있다'는 말씀을 믿는 우리에게 지금 애통한 일이 생겼는데 마태복음 5장 4절에 '애통하는 자는 복이 있다 그들이 위로를 받을 것이다'라고 하셨지 않은가. 그러면 가난한 자가 복이 있다는 말씀을 믿는 사람이 애통하는 자가 복이 있다는 말씀도 안 믿을 수 없는 거 아닌가! 그래서 내가 인간적으로는 괴롭고 고통스럽지만 예수님께서 복이 있다고 하셨으니 이건 할렐루야다, 이유는 모르지만 복이 있다고 하셨으니 무조건 감사한 일이고 찬양할 일이다. 그래서 그때 결심을 했어요. '이 일에 대해서 무조건 감사하고 찬양하자.'

그런데 '고쳐주세요'라고 기도하지 않을 수 없는 게 또 인간의 약함이잖아요. 감사하면 끝나는 건데 말이죠. 그러나 예수님이 인간이면서 동시에 하나님이신 것과 같이 하나님 쪽을 보면 감사할 일이고, 인간 쪽을 보면 '낫게 해주세요'라고 할 수밖에 없고. 그래서 그 모순된 기도를 계속한 거예요. 그런데 하나님께서 한 달이 지난 후에 고쳐주셨어요. 이 기도 때문에 낫게 해 주셨는지는 모르지만 아무튼 낫게 해 주셨어요. 그러나 그때 낫게 해주시지 않았더라도 나는 지금도 하나님을 찬양하고 감사할 거예요. 왜냐하면 애통하는 자는 복이 있다고 하셨으니까요. 지금 생각해도 눈물이 나고 어려운 순간이었는데 고쳐주셨어요. MRI 촬영을 하니까 일산화탄소가 폐로 들어가고 뇌에 들어가서 뇌가 손상된 거였어요. 사진을 보니 뇌가 말발굽만큼 변색이 됐어요. 그런 절망적인 상황에서 기도하면서 한 달 정도 지났을 때 회복이 됐어요. 지금은 그분이 정신적으로 완전해요. 그런데 다 나은 후에 그게 싹 없어졌지 않았을까 생각하며 다시 MRI를 찍었더니, 그게 그 자리에 그대로 있더라고요. 이게 어떻게 된 건지 모르겠어요. 하여튼 하나님이 고쳐주셨어요.

이번 나눔을 준비하면서 생각했습니다. "가난한 자가 복이 있다"는 말씀을 믿고 사는 자에게 주시는 복은 무엇인가? 어떠한 고난이 와도 이길 수 있다, 어떤 고난이 와도 그 고통 중에 하나님이 함께 계신다는 것을 믿을 수가 있고 그렇기 때문에 오히려 어려움이 있을수록 더 힘을 얻을 수 있다, 그래서 그 가난과 고난, 그리고 애통함 가운데 하나님이 가까이 계신다는 것을 깨닫고 좌절하지 않는 것이 가난의 영성이라고요. 예수님이 가장 낮은 곳에 내려오심으로 오히려 가장 높아지신 것과 같은 원리죠. 우리 주변에, 점점 나이가 들어가니까 여러 가지 질병이 생기는데 그런 이들에게 확신을 갖고 또 말씀으로 위로하고 격려를 할 수 있게 된 것은 정말 하나님의 크신 은혜라고 고백합니다. 20년 정도 이렇게 살아오면서 그동안 어떻게 살 수 있었을까? 우리가 믿음을 갖고 접근할 때 그 복을 깨닫게 되고, 느끼게 되고, 누릴 수 있게 되는데, 중요한 것은 기도와 말씀이구나, 그런 생각을 하게 됐어요. 그러니까 매일 예배와 침묵기도, 중보

기도와 말씀 묵상기도(Lectio Divina)를 하면서 영적으로 상당히 큰 힘이 되었다고 생각하게 됐어요.

한 번은 누가복음 23장 34절에 예수님께서 십자가에 달리신 상태에서 로마 병정들을 "용서해 주십시오"라고 하는 장면의 말씀을 묵상하다가 제가 깨달은 것이 있었어요. 십자가에 달려계신 예수님의 고통은 말할 수 없이 크지 않겠어요? 그런데 어떻게 그 순간에, 그 고통 가운데서 용서해 달라는 기도를 하실 수 있었을까? 아까 얘기와도 맥이 통하는데 십자가의 중심에 들어가면 그곳에는 하나님이 계셔서, 하나님께서 예수님을 영적으로 위로하시고 힘을 주셔서 그런 기도가 나온 것이 아니었을까요? 그러니까 사람들은 십자가의 중심으로 들어가는 것을 머뭇거리고, 이렇게 저렇게 피하려고 하지만 막상 말씀을 믿고 그 중심에 들어서면 거기에는 하나님의 위로하심과, 하나님의 임재를 느낄 수 있고, 체험하게 된다. 그래서 그러한 어려움 가운데서도 기도할 수 있다는 것이죠.

얼마 전에도 어떤 분이 저희가 최근에 세탁기를 샀다고 하니까 어휴 그동안 어떻게 사셨냐는 얘기를 했는데, 저희가 가난한 삶이라고 하기도 참 부끄러워요. 단순한 삶이라고 말하는 게 좋겠는데, 단순한 삶이라고 하는 것, 또는 불편한 삶이라고 하는 것이 밖에서 보는 분에게는 힘들어 보이지만 막상 거기에 발을 디디고 들어서면 밖에서는 볼 수 없는 은혜가 있다고 고백을 합니다. 로마서는 "우리가 예수 그리스도와 함께 받는 현재의 고난은 장차 나타날 영광과 비교할 수 없다(롬 8:18)"고 말씀하고 있어요. 그러나 하늘나라에 가기 전이라도 지금 여기, 이 땅에서도 이미 천국의 맛을 보게 된다고, 그렇게 말씀드리고 싶습니다.

또 마태복음 6장 24절의 "하나님과 재물을 겸하여 섬길 수 없다"라는 말씀을 깨닫게 된 과정을 조금 말씀드리면, 제가 환경운동을 하게 된 것은 지금부터 30여 년 전인 1993년도였습니다. 그전에 2년 동안 학위 공부를 하러 간 건 아니었고 미국 교회와 사회를 좀 보고 배워야겠다는 생각으로 견학을 갔었어요. 그 당시에만 해도 저는 두 가지 생각이 있었던 것 같아요. '가난하게 살 각오를 하지 않으면 참된 그리스도인으로 살 수 없다.' 이런 깨달음을 받은 적이 있었거든요. 대학생들과 성경 공부를 같이 하면서 가난하게 살 각오를 하지 아니하면 참된 그리스도인으로 살 수 없다는 것을 깨닫게 되었죠.

그러면서 1991년도에 미국의 풍요로운 사회, 우리에게 복음을 전해준 교회가 어떻게 돌아가고 있는지 가서 배우고 우리도 그렇게 잘 살고 우리나라의 교회도 믿음으로 더욱 충만하기를 바라는 마음으로 가족들과 함께 미국에 갔었어요. 2년을 사는 동안 제가 본 것은 기대한 것과는 정반대였어요. 풍요로운 미국 사회는 행복한 게 아니었어요. 교회 신도수는 점점 줄어들고, 가정의 파탄, 도박, 마약, 많은 살인 사건들… 지금 우리 모습하고 비슷해요. 그때까지만 해도 제 마음속에는 그래도 물질적으로 풍요로운 것이 좋은 것이다, 행복할 수 있는 기초적인 조건이다, 뭐 이렇게 생각했었던 것 같아요. 그래서 그걸 배우러 갔는데 가서 보니까 그게 아니더라고요. 혼란이 왔어요. 이게 도대체 어떻게 된 거지? 그때 저에게 깨달음이 온 말씀이 바로 "하나님과 재물을 겸하여 섬길 수 없다"는 것이었습니다. 미국이 물질적으로 풍족한 사회가 되다 보니까 하나님과 오히려 멀어졌다는 걸 깨달았어요.

그리고 귀국을 했는데 환경운동을 하지 않겠느냐는 제안이 들어왔습니다. 그때만 해도 사실은 환경문제하고 제 고민이 직결되리라고 생각을 못 했어요. 그냥 제 전공이 원자력공학이었고, 원자력에 대해서 반대하는 입장이었으니까 환경운동을 하면 반핵 방면에서 운동할 수 있겠다고 생각하면서 수락을 했습니다. 그런데 조금 지나고 보니까 이 일이 결국은 하나님과 재물을 겸하여 섬길 수 없다는 명제와 딱 맞아떨어지는 거예요. 물질적인 풍요가 결국은 환경오염을 낳고 하나님에 대한 믿음과 영성이 점점 쇠락하게 된다는 것을 깨닫게 된 거죠. 그래서 그때 '생명길 좁은문 운동', '녹색 십계명'을 운동의 내용으로 삼기도 했었습니다. 아무튼 하나님과 재물을 겸하여 섬길 수 없다는 것, 그것은 정말 진리죠. 그렇기 때문에 가난한 자가 복이 있다는 말씀과 연결되는 것입니다. 그런 점에서 생각해 보면 풍요로운 삶이라고 하는 것은 인간의 영성을 혼탁하게 하고 창조주 하나님으로부터 멀어지게 한다, 가난이나 고난을 기꺼이 수용할 때 오히려 하나님께 가까이 가게 된다, 또 하나님께서 가까이 오신다는 것을 깨닫게 되었습니다.

창세기 3장의 선악과 사건 이후 땅이 가시덤불과 엉겅퀴를 냈다고 하는 말씀은, 결국 그 선악과가 탐욕과 교만을 의미하는 것이라고 할 때, 탐욕과 교만이 땅에 가시덤불과 엉겅퀴를 내게 된다는 것입니다. 그렇게 생각해 보면 현재 우리 지구의 환경오염이라고 하는 것은 우리 영성의 현주소를 보여주고 있는 거죠. 환경이 오염되었다고 하는 사실은 우리 인간의 영성이 그만큼 타락했다고 이야기할 수 있겠습니다. 그런 점에서 오늘 여기 계신 분들과 함께 다짐하고 싶은 것은 우리가 말로만이 아니라 우리의 삶 속에서 진정한 창조주 하나님을 믿고 그 말씀대로 살아가야 하겠다, 그럴 때 하나님 나라가 회복될 것이고, 미래의 후

손이 살아갈 이 지구가 좀 더 좋아지지 않겠는가 하는 것입니다. 아무쪼록 각자 있는 자리에서 하나님의 창조세계를 보전하며 사는 모두가 되기를 간절히 바랍니다.

※ 이 글은 김영락 목사님께서 주신 원고를 가능하면 그대로 사용하였습니다. 구어체 문장은 목사님께서 나누고자 하신 삶과 내용을 진솔하게 전달할 수 있다고 생각되었기 때문입니다.

에필로그

하나님의 숨결이여!

최광선

"모든 신학은 자서전적이다"는 말이 있습니다. 자신의 경험과 삶의 족적이 신학을 형성하는 데 중요한 역할을 하고 있음을 강조한 표현입니다.

어린 시절 나는 전기가 들어오지 않는 작은 시골 마을에 살았습니다. 어린 형제들은 종종 들녘에서 농사일을 거들어야 했습니다. 두 마지기 남짓 되는 작은 농토였지만 다랑이 논은 크게만 느껴졌던 어린 날이었습니다. 마을 앞을 흐르는 개울 근처에 있던 논에서 모내기를 할 때 경험했던 일입니다. 모내기 하루 전날 늦은 시간까지 어머니와 형제들은 못자리에서 모를 쪄서 단으로 묶어 준비를 합니다. 아랫집 아재는 소 쟁기로 모내기를 할 수 있도록 써레질을 하였습니다. 지푸라기로 묶은 못단을 지게 발채에 져 나르는 것도 어린 형제들의 몫이었습니다. 큰형은 제법 실하게 일을 잘했습니다. 써레질이 끝난 논 군데군데 못단을 던지는 일은 어린 나에게 그나마 재미있는 일이었습니다.

모내기를 하는 날 이른 아침부터 어머니는 부산하게 움직였습니다. 눈을 비비며 일어난 저희 형제들은 어머니를 따라 모내기를 하기 위해 논으로 나갔습니다. 아직 어둑어둑한 새벽이었고, 이른 아침 서늘한 기운은 채 가시지 않았습니다. 어머니를 따라 형제들은 물에 잠긴 논에 아직은 여린 발을 집어넣었습니다. 물은 차갑고, 논바닥이 미끌미끌하게 발바닥에 촉감을 일으켰습니다. 미끈거리는 논에 발을 내디딜 때마다 흙의 감촉이 발끝에 전해졌고, 고사리 같은 손이었지만 모를 한 포기 움켜쥐고 모를 심기 시작했습니다. 발끝과 손끝으로 땅의 질감이 느껴졌습니다.

이 경험이 오늘의 나를 형성하는 데 결정적인 영향을 끼쳤다는 것을 먼 훗날 알게 되었습니다. 여린 고사리 같은 손과 발이 땅과 만나는 사건이었습니다. 인생의 항로를 결정짓듯 땅과 접촉했던 기억은 오랫동안 선명하게 남아 있습니다. 손과 발에 전해졌던 흙의 질감, 밝아오는 아침 들녘, 그리고 바람의 속삭임 속에서 나는 단순한 모내기가 아닌 나와 형제들과 땅이 연결되어 있음을 어렴풋하게 깨닫게 되었던 것입니다.

　나는 영성을 주제로 신학공부를 하였고, 지금도 비틀거리며 영적 여정의 길을 걷고 있습니다. 영성 과목을 처음 접했던 것은 신학대학원 마지막 학기 때였습니다. 오방식 교수님께서 〈영성과 목회〉라는 과목을 개설하였는데, 그 수업은 20세기 대표적인 영적 안내자이며 장애인 공동체인 라르쉬 데이브레이크에서 목회자로 사역하였던 헨리 나우웬의 저서를 읽고 반추하는 방식으로 진행되었습니다. 헨리의 저서에 나타난 영성과 공동체, 그리고 목회의 관계를 살폈으며, 목회를 위한 영성훈련과 목회자의 자기 돌봄을 주제로 진행되었던 과목이었습니다.

　헨리의 책을 한 권 한 권 읽어가며 깊은 위로와 영적 깨달음을 맛보았습니다. 교수님의 강의를 한번 듣는 것으로 만족할 수 없었기에 목회연구과정에서 진행되었던 같은 수업을 거듭 청강하였습니다. 같은 내용의 수업은 한 주에 두 번씩 청강하는 것을 의아하게 여긴 교수님께서 "왜 같은 수업을 두 번씩 듣고 있느냐?"고 묻기도 하셨습니다. 헨리의 저서들과 교수님의 강의를 통해 채워지지 않았던 내 안의 갈망을 깨닫게 되었고, 영성분야를 더 깊이 공부하고 싶은 열망을 가지게 되었습니다. 교수님께 유학에 대한 문의를 드렸더니 토론토대학교 리지스칼리지를 추천하셨고, 이론적이고 학문적인 석사과정(Th.M)이 아닌 영성훈련이 포함되어 있는 과정(S.T.M)을 제안하셨습니다. 책을 가르치는 스승을 만나기는 쉬우나 사람을 변화로 인도하는 스승은 만나기 어렵습니다. 그 당시 교수님은 나를 변화와 성장의 길로 인도하셨던 것입니다.

토론토대학교 리지스칼리지와 세인트 마이클칼리지에서 공부를 하는 동안 헨리가 사역하였던 데이브레이크는 영적인 안식처가 되어 주었습니다. 그곳에서 나는 환대를 경험하였고, 조건 없이 사랑받는다는 것이 무엇인지를 조금씩 이해하게 되었습니다. 학교 안에는 다양한 기도 모임이 있었습니다. 떼제기도, 크리스천 메디테이션, 센터링기도 등은 영어만큼이나 서툴렀던 내가 영적 여정을 걸을 수 있도록 돕는 디딤돌이 되어주었습니다. 또한 인근 괼프에 있는 영성센터에서 진행되는 영성훈련에 매년 참석하였습니다. 다양한 종류의 영성훈련은 헨리가 『영적 발돋움』에서 밝히듯이 외로움에서 고독으로, 적개심에서 따뜻한 환대로, 그리고 환상에서 기도로 나아가게 하였습니다.

박사과정을 준비하면서 참여하였던 영성훈련에서 나는 땅

과 분리될 수 없는 존재임을 깨닫기 시작하였습니다. 그곳의 거룩한 땅을 거닐면서, 하나님 안에서 만물과 나라는 존재가 분리될 수 없다는 체험을 맛보았습니다. 그 당시 경험을 훗날 반추하며 기록한 글입니다.

어둠이 물러나고 아침이 다가오는 들녘이었다. 그 시간은 사람의 시간이 아닌 자연의 시간이며, 신비가 드러나는 시간이었다. 그 시간은 태초의 숨결이 불어와 생명을 불러일으켰다. 어둠이 가시지 않는 시간, 가을걷이가 끝난 들녘을 걸었다. 길의 모습과 나무의 형체가 어렴풋하게 눈에 들어왔다. 새 소리와 바람 소리는 새 날 아침의 신비를 알려주는 전령이었다. 숲 사이로 난 길을 지나 언덕을 넘어서니, 갑자기 뭔가 움직이는 물체가 보였다. 거리가 조금 떨어져 정확히 보이지 않아, 마음과 몸을 최대한 집중하여 그 물체에 시선을 집중했다. 희미했지만 사슴은 아니었다. 덩치는 큰 개 같고 꼬리가 긴 것을 보니, 코요테가 분명했다. 찰나의 순간, 나와 그 동물은 눈빛을 교환했다. 나와 그 동물은 그 들녘에서 하나의 호흡이 되었다. 다른 생각이나 다른 물체는 보이지 않고, 오직 그와 내가 새벽 들녘에서 서로 깊이 연결되어 있음을 체험하였다.

시간이 지난 후, 나는 이 만남을 일찍 신비가들이 말한 일치의 경험이라고 생각했습니다. 이른 아침의 들녘과 그 동물과 나는 하나님의 숨결 안에서 코이노니아를 이루고 있었기 때문입니다. 이른 아침 신비의 시간에 하나님의 품 안에서 코요테, 그리고 나는 괼프 들녘 공동체의 구성원들과 함께 하나님과 사귐에 참여했던 것입니다.

환경운동의 모세라 불리는 알도 레오폴드(Aldo Leopold, 1887-1948)는 산을 지키는 사람이었습니다. 한때 사슴과 산을 보호하기 위해 늑대사냥을 하곤 했는데, 어느 날 그의 총에 죽어 가는 한 어미 늑대의 눈에서 푸른빛을 볼 수 있었습니다. 그 후, 그는 산과 사슴, 늑대 모두가 서로 연결되어 있고, 서로가 서로에게 필요한 존재라는 사실을 깨닫게 되었다고 『산처럼 생각하기』에서 쓰고 있습니다. 우리는 존재하는 모든 것과 서로 연결되어 있습니다. 그럼에도 우리는 인간의 필요와 가치에 따라 다른 피조물의 생사여부를 결정해 왔습니다.

그러나 레오폴드는 죽어가는 늑대의 푸른 눈빛이 훗날 사슴의 증가로 산이 파괴될 것을 예언하는 눈빛이었으며, 산과 사슴을 보호하기 위해 늑대를 죽이는 일은 산도 동의하지 않았을 것이라고 말했습니다. 위험한 동물이라는 이유로 이 들녘에서 코요테를 없앤다면, 사슴은 기하급수적으로 늘어 농토와 산림을 파괴할 것이고, 궁극에는 사람과 사슴, 코요테도 없는 죽음만 남을 것입니다. 나는 영성센터의 아침 들녘에서 생명공동체의 가장 큰 특징인 '우리 모두는 연결되어 있다'는 생태적 각성체험을 하였던 것입니다.

이러한 생태적 체험은 창조세계 안에서 드러낸 하나님의 성스러움에 눈을 뜨게 하였습니다. 영성센터에서 종종 마주쳤던 흰 꼬리를 가진 사슴의 활기찬 달음질에 내 마음도 덩달아 뛰었고, 등짝 넓은 거북이의 느림은 여유로움으로 다가왔습니다. 햇볕을 쬐기 위해 고개를 내민 거북이를 만나는 즐거움에 빠져 있던 나에게 동료들은 "거북이 친구"라는 애칭도 붙여 주었습니다. 홉킨스의 시구처럼 하나님의 장엄함으로 가득 차 있었음을 경험하고는 하였습니다. 그러한 체험들이 계기가 되어 박사과정에서 하나님과 만물과 사람의 친밀한 사귐을 지향하는 영성을 주제로 논문을 작성하였습니다.

논문은 생태사상가 토마스 베리의 우주론과 신유학의 비조 주돈이의 우주론을 바탕으로 한 생태영성을 제안하는 것이었습니다. 신유학의 비조 주돈이 선생에 대한 이야기는 다음에 말씀 드릴 기회가 있을 것입니다. 여기에서는 토마스 베리에 대한 이야기를 잠시 나눌까 합니다. 토마스는 1914년 미국에서 태어나 한평생을 수도자, 지구학자, 20세기 지성과 영성에 대한 역사 비평가로 살다가 2009년 세상을 떠났습니다. 그의 사상은 다양한 분야에 큰 영향을 끼쳤는데, 토론토대학교에 있는 〈엘리옷 엘렌 신학과 생태연구소(Elliot Allen Institute for Theology & Ecology)〉는 북미에서 처음으로 생태와 신학을 연구한 곳으로 토마스의 우주론을 바탕으로 신학 작업을 진행했던 곳입니다. 토마스의 글을 읽는 많은 선배들이 경험했듯이, 나 또한 그의 글을 읽으면서 하나님과 지구와 사람을 새롭게 보는 눈을 갖게 되었습니다.

토마스는 내가 어릴 적 논에서 경험했던 땅과 하나 되었던 것이 인생의 좌표가 될 수 있음을 보여주었습니다. 그분 또한 11살 때 경험한 강력한 체험이 그의 존재를 변화시켜 삶의 방향을 결정짓는 계기가 되었다고 밝히고 있기 때문입니다. 토마스가 샛강 건너 초원에서 경험했던 이야기를 『위대한 과업』에서 다음과 같이 소개합니다.

내가 위대한 과업에 대해서 알게 된 것은 꽤 어릴 때부터였다. 그때 나는 나이가 열한 살쯤 되었을 것이다. 당시 우리 가족은 남부 작은 도시의 주거지에서 새 집이 지어지고 있던 변두리로 이사했다. 새 집은 약간 경사진 곳에 있었고 아직 미

완성 상태였다. 집 아래로는 작은 샛강이, 샛강 건너에는 초원이 있었다. 5월 말 이른 오후, 나는 처음으로 새 집이 있는 언덕을 어슬렁거리다가 샛강 건너편의 경치를 바라보았다. 들판은 온통 하얀 백합꽃으로 뒤덮여 있었다. 이 마술 같은 찰나의 경험은, 지금까지 경험할 수 있는 그 어떤 경험보다도 더욱 심오한 그 무엇을 내 삶에 안겨 주었다. 단지 백합꽃만이 아니라 귀뚜라미의 노래, 멀리 펼쳐진 삼림지대, 그리고 맑은 하늘에 떠 있는 구름까지도 그러했다. 그것은 단지 그 순간에 일어난 자각 같은 것은 아니었다.[1]

토마스는 샛강 건너 초원에서 체험을 전 생애에 걸쳐 사상적 기반으로 삼았습니다. 그는 "이 초원을 자연순환 체계 내에서 보존하고 향상시키는 것은 무엇이든 선(善)이다. 반대로 이 초원을 거부하고 부정하는 것은 무엇이든 선이 아니다"라고 합니다.[2] 초원의 경험을 통하여 토마스는 사람의 상상력과 일체감은 자신을 둘러쌓고 있는 것에 의해 키워지거나 훼손된다는 것을 알게 되었다고 말합니다.

바깥세상에서 일어나는 일은 내면에서도 일어난다. 바깥세상의 장엄함이 줄어들면, 인간의 정서와 상상력, 지성과 영성도 줄어들거나 소멸된다. 하늘을 가로질러 나는 새들과 울창한 숲, 곤충의 노랫소리와 화려한 색깔, 자유롭게 흐르는 냇물, 야생화가 꽃피는 들판, 구름과 별이 떠 있는 하늘이 없다면, 우리는 우리를 인간으로 만드는 모든 면에서 빈곤해진다.[3]

토마스가 들녘에서 경험한 것과 같은 "한없는 경이로움"은 유대인 철학자 아브라함 헷셀에 따르면 생명을 대하는 종교적인 태도의 주된 특성이자 우리가 신을 체험할 때 나오는 적절한 응답이라고 합니다. 하나님과 사람을 깊이 연결하는 통찰은 "현학적 사유가 아니라 한없는 경이로움과 깊은 경외감으로 신비에 대한 우리의 감성에서, 형언할 수 없는 것을 자각하는 데서 온다"라고 합니다.[4] 독일인 신학자 도로시 죌레는 "세상을 발견하는 매 순간 우리는 환희, 즉 일상의 사소함 뒤에 숨겨져 있던 한없는 경이로움에 빠져들게 된다"라고 합니다.[5] 그는 한없는 경이로움을 느낄 때가 관상이 시작되는 지점으로 '거룩한 신비' 안에서 하나님과 만물과 사람은 긴밀하게 연결되고 서로가 서로를 포용하고 있는 일체라고 말합니다. 이처럼 창조세계는 단순한 물질이나 인간의 여가나 진보를 위한 재료가 아님이 분명합니다. 베리의 경험과 헷셀이나 죌레가 말하듯이 하나님과 사람이 만나는 근원적이고 신비스러운 거룩한 일치의 현장입니다.

하나님을 만나는 거룩한 장소로서 창조세계를 파괴하면서 어떻게 하나님과 친교를 맺을 수 있을까요? 나에게 한없는 경이로움을 불러일으키고, 관상으로 이끄는 세계를 파괴하면서 어떻게 기도할 수 있을까요? 우리가 겪고 있는 생태위기의 궁극적 뿌리는 수 세기 동안 지배적인 역할을 해온 그리스도교 영성 그 자체에 있습니다. 지난 수 세기 동안 그리스도교 영성은 창조세계를 등한시했고 무시해 왔습니다. 이러한 영성은 지구생명공동체가 파국으로 치닫고 있는 오늘날, 자폐증적이고 집단적 광기의 발현이며 조현병적 증상을 심화시킬 뿐입니다.

우리 시대의 영성은 하나님과 창조세계와 인간이 맺는 친교와 비분리를 강조해야 합니다. 그리스도교 신앙이 발전시킨 성부와 성자와 성령의 삼위일체 신학이 이제 하나님과 만물과 사람이 맺는 삼위일체적 신앙으로 발전해야 할 때입니다. 그리스도교 영성은 사람과 만물이 맺는 관계가 하나님과 맺는 관계와 나뉠 수 없음을 깨닫고, 만물과 사람이 맺는 친밀한 관계 형성에 힘을 쏟아야 합니다. 만물과 올바른 관계 맺음 없이, 하나님과 다른 사람과 바른 관계를 맺을 수 없습니다.

영성의 어원은 하나님의 숨결입니다. 하나님의 숨결은 사람과 만물을 하나로 이끌어 사람과 만물이 맺는 코이노니아를 추동할 것입니다. 영국의 그리스도인 에드윈 해치가 작사한 "하나님의 숨결이여, 내게 숨을 불어넣어 주소서" 가사로 글을 마무리하려 합니다. 그의 가사는 기후위기 시대의 영성이 주는 역동성과 희망의 숨결을 담고 있습니다.

> 하나님의 숨결이여,
> 내게 숨을 불어넣어 주소서.
> 저를 새 생명으로 채워주소서.
> 주님처럼 사랑하게 하시고
> 당신처럼 행동하게 하소서.
>
> 하나님의 숨결이여,
> 내게 숨을 불어넣어 주소서.
> 제 마음이 순수해질 때까지
> 내 뜻이 당신과 하나가 될 때까지
> 행동하고 인내하게 하소서.[6]

Endnotes

Chapter 1.
관상적 기도와 생태적 체험

1 토머스 머튼, 『통회하는 한 방관자의 생각: 토머스 머튼의 단상』(서울: 바오로딸, 2013), 237-239. 이후 『통회하는 한 방관자의 생각』으로 표기.
2 Thomas Merton, *Raids on the Unspeakable* (London: Burns & Oates, 1977).
3 마틴 레어드, 『기도 수업; 침묵, 알아차림, 그리고 관상』(서울: 타임교육, 2019). 이후 『기도 수업』으로 표기함.
4 토머스 머튼, 『요나의 표징: 토머스 머튼의 영적 일기』(서울: 바오로딸, 2009). 이후 『요나의 표징』으로 표기.
5 머튼, 『요나의 표징』, 530.
6 머튼, 『요나의 표징』, 528-529.
7 머튼, 『요나의 표징』, 535.
8 머튼이 화재 감시를 하는 동선은 다음과 같다. 8시 반 감시가 시작되면 우선 지하 2층으로 내려가 지하창고, 서류 소각장소, 낡은 화덕, 옛날에 병아리를 까던 지하방, 새 부엌을 순찰하고 계단을 올라 1층 수도원의 중심축인 작은 봉쇄 구역으로 수사들이 생활하는 구역과 기도하는 구역을 연결하는 장소를 점검하고 다시 계단을 통해 지하 1층으로 내려와 제빵실, 지하 2층의 보일러실을 점검한다. 그리고 1층으로 올라와 평수사들의 화장실, 수련소 성당과 제의방, 원장 신부님방, 수련소, 도자기 작업실을 점검한다. 이렇게 수도원 화재감시 순찰이 끝나면 마지막 종탑으로 오르는 길에 2층 손님 숙소와 원장실, 도서관, 성가대 수사들의 숙소를 지나 3층 요양소와 치과 사무실을 점검하고 마지막으로 다락 및 종루로 올라간다.
9 지하실에 쌓인 피복 없는 전선에서 흘러나오는 도살된 송아지 가죽 냄새. 낡은 화덕이 있는 방에서 느낀 곰팡이 냄새나는 침묵, 옷을 만드는 곳 가까이 있는 제빵실에서 나오는 오리 냄새, 목화 냄새, 빵 냄새가 섞여 나오는 냄새. 머튼은 수도원을 돌며 벽들은 저마다 고유하고 케케묵은 냄새를 낸다고 말하며 섬세하게 냄새를 알아차리고 있다. 또한, 머튼은 수도원을 돌며 자신이 보는 것들을 알아차리고 그것들을 묘사한다. 이 모든 것은 머튼이 매우 섬세하게 깨어 순찰하고 있음을 보여준다.
10 머튼, 『요나의 표징』, 532.
11 머튼, 『요나의 표징』, 536.
12 머튼, 『요나의 표징』, 536-537.
13 머튼, 『요나의 표징』, 537.
14 머튼, 『요나의 표징』, 539.
15 머튼, 『요나의 표징』, 541.
16 머튼, 『요나의 표징』, 543.
17 머튼, 『요나의 표징』, 543.
18 머튼, 『요나의 표징』, 544.
19 머튼, 『요나의 표징』, 544.
20 머튼, 『요나의 표징』, 544.
21 머튼, 『요나의 표징』, 545.
22 머튼, 『요나의 표징』, 537.
23 머튼, 『요나의 표징』, 544-545.
24 머튼, 『요나의 표징』, 546.
25 머튼, 『요나의 표징』, 546.
26 머튼, 『요나의 표징』, 547.
27 머튼, 『요나의 표징』, 547.
28 머튼, 『통회하는 한 방관자의 생각』, 249.
29 머튼, 『통회하는 한 방관자의 생각』, 248-249.

30 토머스 머튼, 『토머스 머튼의 시간』 패트릭 하트 & 조나단 몬탈도 엮음, 류해욱 번역(서울: 바오로딸, 2022), 127-132.
31 Thomas Merton, *Writings on Nature: When the Tree Says Nothing*, ed by Kathreen Deignan (Notre Dame, IN: Sorin Books, 2003), 32.
32 머튼, 『토머스 머튼의 시간』, 148.
33 수도승 머튼은 자신이 손을 대는 모든 것이 기도로 변하는 침묵과 가난과 고독을 추구한다. 이러한 침묵과 고독 속에서는 하늘과 땅, 그 안에 존재하는 모든 것이 기도로 변한다. 그래서 머튼은 노래한다. "하늘도 나의 기도요, 새들도 나의 기도요, 나무들 사이로 부는 바람도 나의 기도이다." 참조: Thomas Merton, *Thoughts in Solitude*, (New York: Farrar, Straus & Cudahy, 1958. 94). 자연은 머튼의 영적 안내자이며 수련장이 될 뿐만 아니라, 머튼에게 하나님이 창조하신 세상은 하나님이 당신의 신성을 드러내는 곳이다. 참조: Thomas Merton, *New Seeds of Contemplation*, (New York: New Directions, 1961), 290-297. 머튼은 "숲속에 들어오면 신약성경이 보인다."고 기록한다. 참고: Thomas Merton, *Day of a Stranger*, Ed. with Introduction by Robert E. Daggy. Salt Lake City, (UT: Gibbs M. Smith/ A Peregrine Smith, 1981). 41.
34 머튼, 『토머스 머튼의 시간』, 189.
35 머튼, 『토머스 머튼의 시간』, 275-276.
36 Thomas Merton, *Turning Toward the World: The Pivotal Year*, ed Victor A. Kramer. (San Francisco: Harper Collins, 1996), 79-80.
37 Thomas Merton, *Raids on the Unspeakable* (London: Burns & Oates, 1977), 9.
38 Merton, *Raids on the Unspeakable*, 10.
39 Merton, *Raids on the Unspeakable*, 10.
40 Merton, *Raids on the Unspeakable*, 7-8.
41 Merton, *Raids on the Unspeakable*, 23.
42 머튼, 『요나의 표징』, 547.
43 머튼, 『토머스 머튼의 시간』, 541.
44 Thomas Merton, *Honorable Reader: Reflections on My Work* (New York: Crossroad, 1991), 65.
45 Merton, *Honorable Reader*, 63-67.
46 Thomas Merton, *The Asian Journal of Thomas Merton* (New York: New Directions, 1973), 117.
47 Merton, *Raids on the Unspeakable*, 14.
48 Merton, *Raids on the Unspeakable*, 11.
49 Merton, *Raids on the Unspeakable*, 13-14.
50 Merton, *Raids on the Unspeakable*, 14.
51 Merton, *Raids on the Unspeakable*, 17.
52 Merton, *Raids on the Unspeakable*, 17-18.
53 Merton, *Raids on the Unspeakable*, 22.
54 머튼, 『통회하는 한 방관자의 생각』, 604.

Chapter 2.
거룩한 책 창조세계

1 토마스 베리, 『그리스도교의 미래와 지구의 운명』, 황종렬 옮김(서울: 바오로딸, 2011), 143.
2 참고: 브라이언 스윔·토마스 베리, 『우주 이야기』, 맹영선 옮김(서울: 대화, 2010), 9.
3 참고: Will Steffen, Jacques Grinevald, Paul Crutzen, and John McNeill, "The Anthropocene: conceptual and historical perspectives," *Philosophical Transactions of The Royal Society*, A (2011): 842-867.
4 Lynn White Jr., "Historical Roots of Our Ecologic Crisis," *Science* 155 (1967): 1203-1207.

5   Ursula King, "One Planet, One Spirit: Searching for an Ecologically Balanced Spirituality," *Ecotheology* 10, no. 1 (2005), 6. Jay McDaniel, *Of God and Pelicans: A Theology of Reverence for Life* (Westminster/John Knox Press, 1989).
6   참고: 토마스 베리, 『지구의 꿈』, 맹영선 옮김(서울: 대화, 2013), 175-176.
7   M. Eliade에 따르면 실재와 의미 있는 세상에 대한 의식은 성스러움에 대한 발견과 매우 밀접한 관련이 있다고 한다. 영성을 종교의 핵심으로 볼 때 또한 성스러움에 대한 경험을 찾고 이해하는 것과 관련이 있다. Mircea Eliade, *A History of Religious Ideas*, trans., by Willard R. Trask, vol. 1 (Chicago: University of Chicago Press, 1982), xiii.
8   Bill McKibben, *The End of Nature*, (Random House, 1997).
9   Bartholomew, "Address of His Holiness Ecumenical Patriarch Bartholomew at the Environmental Symposium, Santa Barbara, CA, Nov 8, 1997," in *The Sacred Earth: Religion, Nature, Environment* (2nd 2004): 229-230.
10 Fritz Hull, "Preface," in *Earth & Spirit: The Spiritual Dimension of the Environmental Crisis* (New York: Continuum, 1993), 7.
11 Ibid., 11.
12 베리, 『그리스도교 미래와 지구의 운명』, 50.
13 참고: Olaf Pedersen, *Two Books: Historical Notes on Some Interactions between Natural Science asnd Theology* (Vatican Observatory, 2007).
14 재인용 Raimon Panikkar, *A Dwelling Place for Wisdom* (Louisville: Westminster/John Knox Press, 1993), 57.
15 St. Augustine, *De. Civit. Dei*, Book XVI, 재인용 *A Cloud of Witness*, 125.
16 Pedersen, *Two Books*, xvii.
17 Saint Bonaventure, *Breiloquium*, trans., Joes de Vinck, *The Works of Bonaventure*, Vol II, (Paterson, St. Anthony, 1963), 101.
18 M. Luther, *Martin Luther on Creation*, 재인용 Caesar Johnson, *To See a World in a Grain of Sand* (Norwalk, Conn: C.R. Gibson Company, 1972), 24.
19 "Confession of Faith," Accessed on Jan 9, 2014: https://www.urcna.org/sysfiles/site_uploads/custom_public/custom2642.pdf
20 참고: "Book of Nature," in *Encyclopedia of Religion and Ecology*, ed., by Bron Taylor (London & New York: Continuum, 2005), 210-211.
21 Charles Cummings, *Eco-Spirituality: Towards a Reverent Life* (Mahwah: Paulist Press, 1991), 42.
22 Thomas Merton, *Inner Experience of Love: Notes on Contemplation* ed., by William H. Shannon (HarperSanFrancisco, 2004), 67.
23 에바그리우스 폰티쿠스, 『프락티코스: 수행생활에 관한 가르침』, 허성석 역주, 해제(왜관: 분도출판사, 2011), 36-38. 허성석에 따르면, 에바그리우스는 관상적이라는 뜻을 함축하고 있는 테오레티코스보다는 영적 인식이라는 뜻을 담고 있는 그노스티코스라는 용어를 즐겨 사용하였다. 위의 책, 176.
24 앤드루 라우스, 『서양 신비사상의 기원: 플라톤에서 디오니시우스까지』, 배성옥 옮김(왜관: 분도, 2001), 157.
25 에바그리우스, 『프락티코스』, 38.
26 참고: 라우스, 『서양 신비사상의 기원』, 162-163. 에바그리우스가 사용하는 로고

이(*logoi*)는 오리겐에게서 유래한 것으로 로고스, 또는 하나님의 말씀으로 지어진 세상에 존재하는 모든 것은 존재 근본 원리이다. 사물의 내적 의미가 로고이다.
27 위의 책.
28 에바그리우스,『프락티코스』, 111.
29 "St. Ignatius Loyola Letter to Brandao, June 1551," ed., by Raymond A. Schroth, *Jesuit spirit in a time of change*, (Newman Press, 1968), 83.
30 데레사,『천주자비의 글』, 서울가르멜여자수도원 역(왜관: 분도, 2002), 79.
31 위의 책.
32 Pedersen, *Two Books*, 428.
33 재인용 위의 책, 164.
34 재인용 베리,『그리스도교 미래』, 162.
35 재인용 위의 책, 163-164.
36 토마스 베리,『신생대를 넘어서 생태대로』, 김준우 옮김(고양: 에코조익, 2006), 126.
37 *The Letters of Bernard of Clairvaux*, trans. Bruno Scott James (London: Burns & Oates, 1953), 156. 다음 Martinus Cawley, trans., *Bernard of Clairvaux: Early Biographies*, vol. 1 (Lafayette: Guadalupe Translations, 1990), 31.
38 재인용, Panikkar, *Dwelling Place*, 57, 각주 10, 11.
39 참고: 엔조 비앙키,『말씀에서 샘 솟는 기도』, 이연학 옮김(왜관: 분도, 2001); 허성준,『수도 전통에 따른 렉시오 디비나』, (왜관: 분도, 2003); 박노권,『렉시오 디비나를 통한 영성훈련: 심리적 치유와의 관계 분석』, (서울: 한들, 2008).
40 Luke Dysinger, "Accepting the Embrace of God: the Ancient Art of Lectio Divina." Accessed on Jan 3, 2014: http://www.valyermo.com/index.html

41 Thomas Keating, "The Classical Monastic Practice of Lectio Divina." Accessed on Jan 3, 2014: http://www.crossroadshikers.org/LectioDevina.htm
42 재인용 베리,『그리시도교의 미래』, 59. 토마스 아퀴나스, *Summa Theologica*, 1.47.1.
43 비앙키,『말씀에서 샘솟는 기도』, 107.
44 권정생,『우리들의 하나님』, (녹색평론사, 2008), 28.
45 Irenaeus of Lyons, *Against Heresies, from Office of Readings* (Boston: St. Paul, 1983), 164.
46 재인용 비앙키,『말씀에서 샘솟는 기도』, 39.
47 윤인중,『솔숲에서 띄운 편지』, (서울: 동연, 2008), 8.
48 Douglas Wood, *Grandad's Prayers of the Earth* (Candlewick, 2009).
49 Douglas Wood, *Grandad's Prayers of the Earth* (Candlewick, 2009). 여기에 실린 내용은 제가 사역한 내용입니다.
50 베리,『지구의 꿈』, 116.

Chapter 3.
이공(李空) 이세종 선생님 생태영성

1 정경옥, "숨은 성자를 찾아서,"「새사람」 7, (1937.7).
2 참고: 차종순,『성자 이현필을 찾아서』, (광주: 대동문화재단, 2010), 35.
3 참고: Bernard Lonergan, *Method in Theology* (University of Toronto Press, 1990). 버나드 로너건,『신학 방법』김인숙·이순희·정현아 옮김(서울: 가톨릭출판사, 2011), 328-338.
4 로너건,『신학 방법』, 329.
5 김금남, "이세종선생,"『동광원 사람들』, (도서출판 사색, 2007), 13.
6 오복희, "이세종 설교집," 설교 수기록.

7 김금남, "이세종선생," 47.
8 로너건, 『신학 방법』, 332.
9 김춘일언님 구술정리, "성자 이세종 선생님의 제자 수레기 어머니의 신앙고백."
10 김금남, "이세종선생," 33.
11 엄두섭, 『호세아를 닮은 성자』, 112.
12 송기득, "비움(호)의 사람 이세종과 맨 사람 예수: 이세종의 '나눔의 삶' 중심으로" 2013년 3월 미간행기록물.
13 김금남, "이세종선생," 23.
14 엄두섭, 『호세아를 닮은 성자』, 83.
15 엄두섭, 『호세아를 닮은 성자』, 85.
16 오복희, "이세종 설교집."
17 김금남, "이세종선생," 25-26. 비슷한 증언은 여러 곳에서 발견된다. 참고: 엄두섭, 『호세아를 닮은 성자』, 4.
18 이세종의 신앙과 영성의 뿌리에 대한 이견이 존재한다. 차후순은 이세종의 사상적 뿌리인 토착적 영성에 대해 부정적인 면을 강조하여, 이세종이 기독교 신앙을 받아들이며 과거와 단절했던 것을 강조한다. 반면에 이덕주는 이세종의 토착화 영성에 긍정적인 평가를 이뤄 그와 대조를 이룬다. 전자의 경우 토착화나 상황화신학의 관점의 결여로 한국의 고유사상을 비판적 관점에서 기술하였다. 현재 이세종의 삶과 영성에 대한 연구에서도 비슷한 흐름이 나타난다. 이세종과 이현필의 사상을 계승한 동광원은 자신의 정체성을 밝힘에 있어서 토착인 영성에 대해 우호적인 평가를 하고 있으나, 어떤 이들은 유영모 선생 등의 영향으로 이세종을 그렇게 바라본 것이라 하여 한국인이 아닌 기독교인 이세종에게 더 큰 관심을 보인다. 이세종을 한국인 기독교인으로 이해하고 바라보는 것은 기독교 신앙과 영성이 늘 상황에 응답하는 영성이었음을 기억한다면 옳다.
19 "동광원의 영성," http://dkw.gwiilwon.or.kr/
20 엄두섭, 『호세아를 닮은 성자』.
21 참고: 이덕주, "귀일원 2009 수련회 노트," 82. 이덕주는 다음과 같이 말한다. "이세종 님이 기독교를 받아들이기 전에 그는 무당을 스승으로 모셨다. 무당은 우리 민중문화의 전수자다. 무당의 제사와 의식은 순수한 마음과 정성을 제일로 친다. 그래서 무당은 한국인의 순수한 마음을 담지하고 있는 사람들이었다. 그런 의미에서 이세종도 또한 순수한 한국인이었다. 복음을 받아들이기 전에 이세종은 무당을 통해 마음의 순수함을 보았고 또 그 공경과 정성스러운 태도를 배웠다. 하나님은 이세종을 그렇게 훈련하고 준비시키신 다음에 한국인의 그 순수한 마음에 복음의 씨앗을 보내셨다. 순수한 마음이란 아무것도 없는 마음이 아니라 도교의 무위자연과 만물동체의 깨끗한 마음이요, 불교의 불살생과 대자대비의 청정한 마음이요, 유교의 부자유친과 남녀유별의 정결한 마음이다. 한국인의 집단무의식 속에는 누구나 다 이런 이상을 그리워하는 동경이 스며있는 것이다."
22 김금남, "이세종선생," 44.
23 김금남, "이세종선생," 44.
24 김금남, "이세종선생," 44.
25 오복희, "이세종 설교집."
26 오복희, "이세종 설교집."
27 오복희, "이세종 설교집." 〈우리의 거울〉에는 "육체와 천지 만물" 대신 "사람의 생긴 것이 계란과 흡사하다"라고 한다.
28 김금남, "이세종선생," 21.
29 김금남, "이세종선생," 22.
30 엄두섭, 『호세아를 닮은 성자』, 122.
31 김금남, "이세종선생," 44.

32 김금남, "이세종선생," 47.
33 이현필 또한 "기도를 통하여 자연과 하나가 된 깊은 영적인 세계에 몰입하게 됨으로써 구렁이나 각종 짐승과도 하나가 되어 함께 기도하고, 풀잎과도 하나가 되어 함께 찬송하고, 지나가는 새들도 기도 소리를 듣고 지저귐으로써 이현필은 새들에게 설교하는 한국의 성 프란시스가 되었다." 차종순, 『성자 이현필의 삶을 찾아서』, 113.
34 프란츠 알트는 "하늘 아버지가 만든 한없이 좋은 창조세계를 끝없이 신뢰했던 예수를 [알트는] '생태적 예수'라 부른다." 이런 면에서 이세종은 오늘의 생태적 예수로 이해하기에 충분하다. 프란츠 알트, 『생태주의자 예수』 손성현 옮김(서울: 나무심는사람, 2003), 27.
35 이세종, "이세종 설교집," 2.
36 차종순, 『성자 이현필의 삶을 찾아서』, 96.
37 호세아, 135.
38 Bonaventura, *Commentaria in tertium librum sententiarum*, Opera omnia, t. III, dist. 28, art. un., q.1.c. (Quaracchi: Collegium S. Bonaventurae, 1887), 622. 재인용 한국교회환경연구소·한국교회사학회 엮음, 『기독교 역사를 통해 본 창조신앙 생태영성』, (서울: 대한기독교서회, 2010), 201.
39 쟌 캄, 『영적인 파산: 행동을 요청하는 예언자적 외침』, 박만 옮김(경기: 한국기독교연구소, 2014), 17-33.
40 참고: 토마스 베리, 『위대한 과업』, 이영숙 옮김(서울: 대화문화아카데미, 2008).
41 노르베르트 베버, 『고요한 아침의 나라』, 박일영·장정란 옮김(왜관: 분도출판사, 2012), 285.

에필로그: 하나님의 숨결이여!

1 토마스 베리, 『위대한 과업』, 이영숙 옮김(서울: 대화문화아카데미, 2009), 27.
2 토마스 베리, 『위대한 과업』, 28.
3 토마스 베리, 『위대한 과업』, 200.
4 Abraham Joshua Heschel, *God in Search of Man* (New York: Farrar, Straus and Giroux, 1955), 117.
5 Dorothee Sölle, *The Silent Cry* (Minneapolis: Fortress, 2001), 89.
6 Edwin Hatch, "Breathe on Me, Breath of God," *Psalter Hymnal*, (CRC Publication, 1987).

기후위기 시대의 희망 영성

편　집　최광선
지은이　김영락·오방식·최광선
기　획　전남CBS
펴낸이　최병천
펴낸날　2025년 4월 1일(초판1쇄)
펴낸곳　신앙과지성사
　　　　출판등록 제9-136 (88. 1. 13)
　　　　주소 | 서울시 서대문구 연희로 177 옥산빌딩 2층
　　　　전화 | 335-6579·323-9867·(F) 323-9866
　　　　E-mail | miral87@hanmail.net
　　　　홈페이지 | http://www.miral.co.kr

ISBN 978-89-6907-396-9　03230

값　15,000원

※ 펴낸이의 허락 없이 이 책의 전체나 부분을 어떤 수단으로도 이용할 수 없습니다.